8° S
17433

ACTION POPULAI.

L'ENSEIGNEMENT AGRICOLE EN FRANCE

LA LÉGISLATION — LES ÉCOLES

CINQ FRANCS

" Éditions Spes "
17, rue Soufflot, PARIS (Ve).

ACTION POPULAIRE

L'ENSEIGNEMENT AGRICOLE EN FRANCE

BIBLIOTHÈQUE NATIONALE
RF
IMPRIMÉS

LA LÉGISLATION — LES ÉCOLES

8° S
17433

CINQ FRANCS

" Éditions Spes "
17, rue Soufflot, PARIS (Ve).

MINISTÈRE DE L'AGRICULTURE.

DIRECTION

....

....

.......e BUREAU.

N° D'ORDRE : ....

RÉPONSE À LA LETTRE

du ....

RÉPUBLIQUE FRANÇAISE.

NOM DU RÉDACTEUR :

Date ..... { de la rédaction : 19
de l'expédition . 19

Paris, le 19 .

LE MINISTRE

à Monsieur

OBJET :

JOUBIN (P.) Ville de Lyon. Ens[t] technique et laboratoires de recherches industrielles et agricoles - Rapport de la Commission spéciale Lyon 1917. 8° R. 28680.

HEVEY (Ladislas).
Les institutions scolaires agricoles en Hongrie. — Budapest. 1941.

- L'enseignement professionnel public de l'agriculture en France. Paris, 1931. In 8°. 8° S. Pièce 15579

- VAN DER VAEREN.
Société des Nations. Conférence européenne de la vie rurale 1939. Documentation technique générale. L'organisation de l'enseignement technique pour agriculteurs. Nat. 167 (14)
(Série de publications de la S.D.N. Conférence européenne de la vie rurale 14).

- L'enseignement agricole en France. Sa législation. Ses écoles. Paris. Spés. 1924 In 8°. (8° S. 17433)

- BERTHELIER. Département de la Hte Savoie. Rapport sur l'enst ag. départemental. Annecy. 1912. In 8°. (8° Lk^{16}. 2191)

- Congrès international de l'enseignement agricole. Paris 14-16 juin 1900
4° S Pièce 1485

- WERY (G.) Congrès international de l'enst ag. 1900.
8° S. 11356

- FURNE. (C). L'enst ag, l'intérêt social de sa diffusion. Reims 1907. 8° Z. 16257. (L'action populaire n° 142).

- MONTBARBON. (L). L'instituteur et l'enst ag. (Comment l'organiser ?) 8° S. 14245 (109)

Paris. Spes. 1924 In 8°. (8° S. 17433.)

- BERTHELIER. Département de la Hte Savoie. Rapport sur l'enst ag. départemental. Annecy. 1912. In 8°. (8° Lk[16]. 2191)

- Congrès international de l'enseignement agricole. Paris 14-16 juin 1900
4° S. Pièce 1485

- WERY (G.) Congrès international de l'enst ag. 1900.
8° S. 11356

- FURNE. (C). L'enst ag ; l'intérêt social de sa diffusion.
Reims 1907. 8° Z. 16257 (L'action populaire n° 142).

- MONTBARBON. (L). L'instituteur et l'enst ag. (Comment l'organiser ?) 8° S. 14245 (109)

- VUYST (P. de). L'enst agricole et ses méthodes. Bruxelles 1913.
8° S. 14723.

- SOLAGES. (Marquis de). L'enst agricole. Rapport... séance du 23 octobre 1934. Paris 1935 (8° S 19760

- ROLET (Antoine). Sur l'enst pédagogique et rationnel de la laiterie et de l'agriculture. 1903 8° S Pièce 9220.

- Feuilles de documentation de l'Institut international d'ag.
Rome. 1917-1920. 8° S. 16580

T.S.V.P.

MINISTÈRE DE L'AGRICULTURE.

DIRECTION

....

....

.....e BUREAU.

N° D'ORDRE : ....

RÉPONSE À LA LETTRE

du ....

OBJET :

RÉPUBLIQUE FRANÇAISE.

NOM DU RÉDACTEUR :

Date..... { de la rédaction : 19 / de l'expédition : 19 }

Paris, le 19 .

LE MINISTRE

à Monsieur

. JOUBIN (P.) Ville de Lyon. Ens^t technique et laboratoires de recherches industrielles et agricoles. Rapport de la Commission spéciale. Lyon 1917. 8° R. 28680.

– HEVEY (Ladislas). Les institutions scolaires agricoles en Hongrie. Budapest. 1911.

16° R Pièce 97

- CHIN KOO CHUN. L'enst ag. et rural en Chine. Paris. 1937
4° S. 4788.

- HIGBIE. (E.C.). An objective method for determining certain fundamental principles in secondary agricultural education.
8° S. 16576.

- WOFFORD (Kate V.). An history of the status and training of elementary rural teachers of the U.S.A. 1860-1930. Pittsburgh 1931.
8° R. 43265. (Columbia University dissertation).

- WORKS (G.) & MORGAN (B). The land-grant colleges.
Washington 1939. 8° R. 44752 (10).

51[illegible]646—J. H. 70[illegible]99 27738

TABLE DES MATIÈRES

L'enseignement professionnel agricole

Pages.

B. — Enseignement privé.

I. — Ecoles supérieures d'agriculture.

II. — Ecoles moyennes d'agriculture.

III. — Enseignement primaire et populaire.

L'enseignement professionnel agricole

INTRODUCTION

1. Le présent fascicule se propose de donner un tableau d'ensemble de la situation de notre enseignement agricole français : législation qui le régit, établissements de toutes formes (officiels et privés) qui le distribuent, résultats acquis à cette heure. Nous aurons occasion, au cours de cet exposé, de signaler des lacunes, de souligner des erreurs de méthode, et aussi de louer, comme ils le méritent, les très sérieux efforts de l'initiative, tant publique que privée, pour une meilleure formation de la jeunesse rurale montante. Nous nous en tiendrons donc ici à quelques considérations générales.

Tout le monde est d'accord, présentement, pour vouloir un prompt et solide relèvement de la production agricole, et donc pour souhaiter l'arrêt de la dépopulation rurale et de l'exode rural. Non pas que tous les citadins se soient pris brusquement d'un violent amour pour la classe paysanne. On sait quelle campagne injuste et intéressée tels journaux, telles revues, tels hommes politiques s'emploient à mener contre l' « égoïsme » du paysan et son enrichissement prétendûment scandaleux ; et plus d'un, dans les villes, s'y associerait trop aisément. Mais enfin la guerre, et plus encore l'après-guerre, ont appris la valeur indéniable pour l'indépendance économique du pays, pour sa sûreté politique, d'une classe paysanne nombreuse, forte, active, solidement fixée au sol. Notre législation, surtout la plus récente, témoigne de cette rectification, dont besoin était, de l'estime pratique du pays à l'égard des ruraux.

Or un des moyens, le plus efficace peut-être, de l'enracinement au sol, de la stabilisation sociale, de la productivité accrue de cette classe agricole, c'est qu'elle soit de mieux en mieux instruite *techniquement*, c'est-à-dire des choses de son métier ; *professionnellement*, c'est-à-dire des bienfaits de l'organisation professionnelle et des organismes qui la réalisent ; nous ajouterons en y insistant : *moralement*, c'est-à-dire de la noblesse et de la beauté de sa profession, des austères et simples vertus qu'elle suppose, du bonheur pacifiant et de l'indépendance qu'elle peut procurer, toutes choses que les vieilles traditions chrétiennes, trop oubliées, apprenaient jadis si bien. Alors elle deviendrait de plus en plus forte économiquement, et politiquement aussi, pour le plus grand bien du pays.

2. C'est ce que la nation, et d'abord les premiers intéressés, les agriculteurs, ont compris, ou du moins sont en train de mieux en mieux comprendre ; c'est ce qu'avait parfaitement compris le législateur lorsque, sur la fin des quatre années de guerre et à leur sanglante lumière, il votait la loi du 2 août 1918, concernant l'organisation de l'enseignement professionnel *public* de l'agriculture. A ce propos notons que la loi Astier, sur l'enseignement technique, industriel et commercial, qui procède d'un même souci et, dans une autre ligne, veut pourvoir aux mêmes besoins, ne fut votée qu'un an plus tard, le 25 juillet 1919 ; pour une fois l'agriculture avait eu le pas sur l'industrie et le commerce. Il est vrai que c'était au prix d'une malformation congénitale de la loi : celle-ci, en effet, ne connaît que l'enseignement *public*, ne légifère que pour lui, tandis que la loi Astier connaît l'enseignement privé, le nomme, légifère pour lui aussi, avec même, dans le texte législatif tout au moins, un libéralisme et une bienveillance assez inattendus, que les très robustes associations et individualités de l'industrie et du commerce sauront, sans doute, maintenir dans les faits contre les reprises, toujours à craindre, du fonctionnarisme. Les ruraux, moins capables de défense et très justement défiants des pouvoirs administratifs officiels, se consoleront assez aisément du silence volontaire de la loi à l'égard de l'enseignement agricole privé si on leur laisse la liberté de l'organiser à leurs frais, soit, mais à leur guise. La liberté vaut encore mieux que des subventions : un très grand nombre d'entre eux en jugent ainsi.

Cette loi du 2 août 1918, qui est la charte actuelle de notre enseignement agricole public, nous n'en parlerons pas davantage dans cette introduction. Ce qu'elle est, ce qu'on peut en penser, la première partie du travail qui suit le dira, comme également les difficultés considérables auxquelles sa mise en marche se heurte encore : très gros frais de fonctionnement des écoles agricoles, recrutement pénible encore à présent des professeurs pour écoles moyennes, pénurie extrême des maîtres capables de donner intelligemment et « con amore » l'enseignement agricole primaire et postscolaire, insouciance ou défiance de beaucoup de familles paysannes par suite de la routine ou de l'absence de main-d'œuvre, etc. Il reste que ses intentions sont excellentes, que le cadre général de ses dispositions témoigne d'une très juste compréhension des besoins du pays et d'un sérieux effort pour y satisfaire. Mais tant vaudront les réalisateurs, c'est-à-dire tant vaudront les maîtres, tant vaudra en définitive la loi. Elle a cette chance, pouvons-nous dire, de voir à côté d'elle et souvent par devant elle un magnifique et puissant entraîneur : l'enseignement agricole libre.

3. Nous aurons occasion, un peu plus bas, de dire notre pensée sur les déficits actuels de l'enseignement agricole, particulièrement du premier degré, à l'école primaire et après l'école primaire ; et combien il reste à faire pour donner un minimum d'instruction technique à ces centaines de milliers de jeunes ruraux qui n'ont pas les moyens de suivre les cours d'une école moyenne. C'est là l'œuvre pressante. L'enseignement supérieur de l'agriculture est fort bien organisé en France et peut rivaliser avec celui de n'importe quel pays ; l'enseignement moyen se développe assez rapidement ; l'enseignement commun, dirions-nous, celui de la masse est et reste très insuffisant. Voilà pourquoi il sera parlé avec complaisance, vers la fin de ce fascicule, des Cours par correspondance, des Journées rurales, des Semaines rurales qui ont tant fait déjà — en attendant le fonctionnement des cours postscolaires sur place, au sujet desquels il est permis de demeurer un peu sceptique — pour vulgariser les notions élémentaires de la science agricole.

Ces initiatives méritent, d'ailleurs, un meilleur éloge : elles ont montré la voie vraie du relèvement agricole : elles ont su joindre à l'*instruction technique*, nécessaire, mais qui peut être insuffisante, l'*éducation morale* de leurs écoliers. Elles ne sont pas tombées dans cette erreur « intellectualiste » qu'on a justement reprochée à tant d'écoles primaires de campagne [1] ; elles ont compris que la crise agricole présente est bien plus encore une crise morale qu'une crise économique ; elles ont voulu attacher à la terre les cœurs, lui gagner les âmes, plus encore que lui accrocher des intérêts.

1. « L'erreur intellectualiste est fréquente, et nous en voyons un bel « exemple à l'école du village quand elle veut fixer et exalter la vocation « du petit paysan en lui donnant des notions de *science agricole*. Rien « d'excellent comme ces notions, et plût au ciel qu'on en donnât davantage ! « Mais, de grâce, ne comptez pas sur la géologie ni la météorologie, ni sur « la physique et la chimie, si bien enseignées qu'elles soient et adaptées « aux travaux des champs, pour sauver la vocation paysanne. Celle du « prêtre ne s'entretient pas par l'exégèse, ni celle du marin par l'hydro- « graphie, ni celle du philanthrope par la démographie, mais toutes par « d'autres voies et moyens, par d'autres forces. » — Dr Labat, *L'âme paysanne*, p. 330. Voir encore : Albert Vincent, *L'école rurale de demain*, 1920.

Nous n'avons souligné ici leur œuvre propre que pour mieux dégager l'esprit qui doit animer, à notre sens, tout enseignement agricole. Là où cet esprit manque, l'œuvre de la formation du rural risque d'être brutalement compromise. N'a-t-on pas pu signaler discrètement, dans des rapports officiels, dans des journaux et bulletins agricoles, que telle et telle école d'agriculture avait, en fait, contribué, sans le vouloir, à transformer plus d'un de ses élèves en déserteurs du sol : arrivés ruraux, ils en sortaient candidats fonctionnaires ; transplantés de l'exploitation paternelle dans une école dont la fonction était de les enraciner au sol, ils la quittaient définitivement déracinés.

4.

Il ne sera question, dans le présent fascicule, ni des dispositions de la loi concernant l'enseignement agricole des jeunes filles, ni des réalisations dans ce même ordre. Nous expliquons plus bas pourquoi nous n'avons pas cru leur devoir faire place ici. Elles seront donc réservées à un fascicule spécial sur l'enseignement féminin ménager ; une section à part y sera consacrée à l'enseignement ménager agricole.

Qu'on veuille bien ne pas s'étonner des omissions inévitables que l'on pourrait relever, en particulier dans l'énumération des écoles moyennes d'agriculture, soit publiques, soit privées, et autres établissements équivalents. Mais il n'en existe pas à notre connaissance de liste complètement à jour pour l'ensemble de la France, et cette liste au reste n'est jamais arrêtée.

PREMIÈRE SECTION

LÉGISLATION

A. — Les étapes de l'Enseignement agricole.

5. L'importance d'un enseignement agricole ne fut que lentement et assez tard comprise par le législateur français. Malgré les tentatives de Turgot, de l'abbé Rozier et de François de Neufchâteau, il n'existait aucun enseignement officiel de l'agriculture avant 1848. Seule, une chaire d'agriculture avait été fondée en 1806 et annexée à l'Ecole vétérinaire d'Alfort.

L'impulsion fut donnée par des *initiatives privées.* L'énergie de Mathieu de Dombasle, surmontant les difficultés financières d'une entreprise que le gouvernement n'encouragea que tardivement, créa en 1822, sur le domaine de Roville, la première école d'agriculture française. A sa suite, de 1829 à 1840, on ouvrit trois nouvelles écoles, appelées à devenir nos écoles nationales : Grignon, Grandjouan et la Saulsaie. L'idée était lancée et prenait corps. Quelques cours d'enseignement supérieur se donnèrent aussi en 1836 au Conservatoire des arts et métiers. L'enseignement de l'agriculture n'en demeurait pas moins inorganisé pour l'ensemble du pays.

Loi du 2 octobre 1848.

6. Cette loi créa l'enseignement agricole *officiel* en France. L'article 1er établissait trois degrés dans cet enseignement : le 1er degré comprenait les *Fermes-écoles*, destinées à donner l'instruction élémentaire pratique ; le 2e degré, les *Ecoles régionales*, sorte d'établissements d'enseignement secondaire, où l'instruction théorique et pratique devait s'inspirer spécialement des besoins agricoles de la région ; au 3e degré, un *Institut national agronomique*, véritable école normale supérieure pour l'agriculture. Aux termes de la loi, ce système comportait une ferme-école par département et une école par région culturale, qui recevait le titre d'école régionale.

Les réalisations, sans répondre entièrement aux ambitions des législateurs, furent d'abord assez belles : 45 écoles furent ouvertes en 1849 qui, jointes aux fermes-modèles déjà existantes, portèrent à 70 le nombre de ces établissements primaires. Ce nombre dans la suite devait bien se restreindre ; en 1870, elles n'étaient plus que 52, et aujourd'hui, 13. Les 3 établissements de Grandjouan, la Saulsaie et Grignon furent transformés en écoles régionales d'Etat, et une quatrième ouverte à Saint-Angeau, mais pour quelques années seulement. L'Institut agronomique, installé à Versailles en 1850, n'eut d'abord qu'une existence éphémère ; il disparut après le coup d'Etat du 2 déc. 1852 et ne se rouvrit, cette fois à Paris, qu'en 1876.

Loi du 16 juin 1879, modifiée par celle du 22 août 1912.

7. La législation restait incomplète. La loi du 2 oct. 1848, avec ses fermes-écoles, ne visait l'instruction élémentaire pratique que d'une partie de la population rurale. Rien non plus n'était fait pour la formation des jeunes filles. La loi du 30 juillet 1875 créa les *Ecoles pratiques d'agriculture*, intermédiaires entre les Ecoles régionales et les fermes-écoles ; mais ces établissements, destinés à la classe moyenne rurale, n'atteignaient, au plus, que quelques milliers d'élèves par an, et, par suite, se trouvaient incapables de combler la lacune existant par le fait de la loi de 1848.

8. La loi du 16 juin 1879, complétée par celle du 22 août 1912, voulut y remédier en instituant des professeurs départementaux (au maximum trois ou quatre par département) et des professeurs spéciaux, chargés d'organiser l'enseignement départemental et communal. Entre temps les écoles d'hiver et les écoles ambulantes prenaient naissance, dans le but de grouper les jeunes ruraux ne pouvant s'astreindre à une scolarité de deux ou trois ans. De son côté, l'éducation agricole et ménagère des jeunes filles s'organisait.

Effort d'extension très louable, mais impuissant, nous le verrons, à déclencher le grand mouvement enveloppant que devaient tenter quarante ans après les législateurs de 1918. Que manquait-il ? Les moyens employés n'étaient pas parfaits, peut-être : emplacement défavorable de certaines écoles, outillage insuffisant, mauvais choix des cultures, personnel dépourvu parfois de la compétence voulue, et, pour les fermes-écoles, un régime critiquable [1]. Quant à l'enseignement des adultes confié aux professeurs départementaux, on ne pouvait en attendre que de maigres résultats. Ces professeurs trop peu nombreux et trop chargés de multiples services officiels, peuvent tout au plus faire des conférences : c'est un faible moyen d'enseignement, qui ne permet de traiter qu'un petit nombre de questions, et qui laisse dans l'ombre les principes et notions nécessaires à une formation agricole sérieuse. Mais surtout, il y eut trop d'optimisme dans les milieux officiels : on crut qu'il suffisait d'ouvrir des écoles pour qu'elles se remplissent ; on compta trop sur l'esprit d'initiative des communes pour l'organisation de cours temporaires ; on oublia de demander effectivement l'appui, pourtant indispensable, de l'école rurale. Mal préparé, ne comprenant pas le besoin d'une instruction professionnelle et n'en voyant pas d'ailleurs autour de lui les heureux résultats, le jeune paysan continua à se terrer dans sa ferme [2].

Comparaison avec quelques pays étrangers.

9. D'autres pays, cependant, moins favorisés que nous à plus d'un point de vue, ont organisé avec un sens rare des besoins concrets de la classe campagnarde un enseignement agricole

1. Jusqu'en 1918, l'ouverture d'une ferme-école n'était soumise qu'aux formalités ordinaires et l'exploitation restait à charge du directeur, ce qui pouvait prêter à de réels abus ; la loi du 2 août 1918, comme nous le dirons plus loin, (p. 14,) substitue à l'exploitation directe la régie pour le compte du département ou de la commune.

2. Dans son rapport à la Chambre (1913), très documenté, M. Plissonnier ne craint pas de reconnaître la situation telle qu'elle était : « A l'heure actuelle nous avons en France environ un million de jeunes ruraux ; sur ce nombre 2.000 à peine fréquentent nos établissements d'enseignement agricole. C'est dans la masse de ceux qui ne reçoivent aucune instruction agricole, qui n'apprennent rien de la science agronomique, qui ignorent même qu'elle existe, que se recrute chaque année la cohue de ceux qui se ruent vers la ville et les ateliers. C'est cette masse que l'enseignement agricole doit aller instruire jusque dans les coins les plus reculés de nos campagnes. » (*J. O.*, Doc. parlem. Ch., n° 2542, p. 13.)

Quelques détails, puisés aux sources officielles, permettront de mieux comprendre encore ces paroles. En 1913, l'Institut agronomique comptait 197 élèves ; — les 3 écoles nationales 151 ; — de 1911 à 1913, l'école des industries agricoles de Douai, 20 élèves réguliers ; — les 31 écoles d'agriculture groupaient environ 870 élèves ; quelques-unes ne dépassaient pas la quinzaine (Saintes 15, Cléon 12, Paraclet 11, la Brosse 14) ; — écoles d'hiver et écoles ambulantes pour garçons, réunies, n'atteignaient pas un auditoire de 300 jeunes gens. Il faut ajouter que l'enseignement postscolaire n'existait pas alors et que les connaissances agricoles reçues à l'école primaire se bornaient à quelques leçons sans portée, données le plus souvent par des maîtres munis d'une science hâtive et trop livresque. Nous aurons d'ailleurs à revenir sur ce dernier point.

pour toute la jeunesse rurale. Ces exemples valent d'être rappelés au commencement de ce travail, car ils prouvent, mieux que toutes les raisons, que cette tentative n'offre rien de chimérique. Les agriculteurs, d'ailleurs, ne seraient pas les seuls à profiter de ces progrès ; il serait facile de montrer l'influence de telles améliorations sur la prospérité nationale et l'équilibre social.

10. La Belgique, pays de faible étendue et surpeuplé, couvre en quelques années son territoire d'un réseau très serré d'institutions agricoles [1]. En 1914, la Belgique, grâce à ses 144 écoles ou sections moyennes subsidiées, formait chaque année 5.000 ruraux, ayant suivi, au minimum pendant 3 ans, des cours d'agriculture ; 27 agronomes d'Etat, propagandistes attitrés de l'enseignement agricole, et de très nombreux professeurs sortis des Instituts de Gembloux ou de Louvain, donnaient de 7 à 8.000 conférences annuelles devant un auditoire évalué à 35 ou 40.000 personnes. Il est très intéressant pour nous de noter qu'il n'y a peut-être pas dans ce pays une seule école moyenne, un seul collège — si l'on excepte ceux dont le recrutement est exclusivement urbain — qui ne possèdent leur cours d'agriculture. Cette combinaison de l'éducation générale avec la formation professionnelle, répandue actuellement dans toute la Belgique, a donné jusqu'ici dans les classes moyennes de très heureux résultats.

11. Le Danemark, petite presqu'île sans importance géographique, sut équiper, avec l'appui de la Société Royale d'agriculture, 119 écoles officielles ou subventionnées, pour 10.312 élèves (garçons et filles). En même temps, étaient institués des conseillers agricoles, sous le contrôle et aux frais de l'Etat (4 en 1870, aujourd'hui une centaine), chargés de vulgariser les connaissances agricoles au moyen de conférences ou par leur action auprès des établissements privés d'enseignement. Les merveilleux résultats d'une politique si hardiment agricole sont connus : proportionnellement à son territoire, le Danemark est aujourd'hui le pays qui exporte le plus de produits agricoles.

12. La Hollande et la Hongrie ont réalisé des progrès analogues. Cette dernière notamment, depuis 1870, a introduit l'enseignement théorique et pratique de l'agriculture dans les écoles primaires, formant spécialement des instituteurs pour

1. Une étude plus complète sur l' « *Enseignement agricole en Belgique* » a été faite dans les *Dossiers de l'Action Populaire* (10 nov. 1923.)

cette tâche. En 1910, les conférences ou cours postscolaires, donnés le plus souvent par les instituteurs munis du certificat agricole, atteignaient un auditoire de 200.000 personnes.

13. Enfin l'ALLEMAGNE, à la déclaration de guerre, était supérieurement outillée pour son enseignement agricole :

— Enseignement *supérieur* : 8 chaires d'agriculture avec Instituts dans les Universités ; 3 établissements indépendants d'enseignement agricole supérieur, en rapports avec une Université ; 2 établissements d'enseignement supérieur indépendants.

— Enseignement *moyen* : en Prusse, 16 écoles d'agriculture, dans le reste de l'empire, 6 écoles du même rang.

— Enseignement *primaire* : pour la seule Prusse, 50 écoles pratiques, 120 écoles d'hiver, 250 écoles professionnelles spéciales, 1.080 écoles d'adultes ruraux, sans compter les écoles professionnelles spéciales et les école d'adultes du reste de l'empire, ni les stations agronomiques d'essai, au nombre de 70 à l'heure actuelle. La plupart de ces écoles ne fonctionnent qu'en hiver, afin de ne pas gêner les besoins de main-d'œuvre ; selon une conception qui a prévalu, elles ne donnent que l'enseignement théorique, laissant aux jeunes cultivateurs le soin de perfectionner leur pratique à la maison paternelle. L'enseignement professionnel postscolaire est *obligatoire*, et les patrons tenus d'y envoyer, à certaines heures, leurs apprentis et leurs jeunes ouvriers.

B. — Loi du 2 août 1918.

14. Cette loi a été appelée, à juste titre, « *la Charte de notre enseignement agricole* [1] ». Elle constitue, à l'heure actuelle, le

1. Y joindre le décret du 23 juin 1920 et celui du 13 juillet 1920, réglementant l'application de cette loi. La loi du 2 août 1918 est le résultat d'un long travail parlementaire qui n'a pas duré moins de trente ans. Commencé par la Commission de 1886, il fut poursuivi plus tard par d'autres Commissions qui étudièrent différents projets, dont les deux derniers en date — les plus importants d'ailleurs — sont : celui de M. Fernand David, 5 décembre 1910, réclamant un enseignement agricole populaire, *obligatoire* pour tous, jeunes gens et jeunes filles, de 13 à 17 ans ; et celui de M. Pams (février 1913), alors ministre de l'Agriculture, d'où devait sortir la nouvelle loi. On demeure quelque peu surpris de voir le temps et les efforts qui furent employés à faire aboutir ces mesures alors que, sur ce même point, d'autres pays nous avaient déjà si fortement devancés.

M. Plissonnier, appréciant ce mouvement depuis son origine, a pu s'écrier devant la Chambre : « Chose incroyable ! il a fallu trois quarts de siècle pour avoir une loi visant la préparation professionnelle de toute la jeunesse rurale de notre pays, aussi bien celle des jeunes filles que celle des jeunes gens !... Il a fallu trois quarts de siècle pour comprendre enfin la répercus-

véritable statut légal de cet enseignement en France, en ce sens que, d'une part, elle codifie les textes législatifs et administratifs antérieurement promulgués sur la question, et que d'autre part, elle apporte des innovations dont il faut reconnaître tout l'intérêt.

Avant d'aborder le détail de la loi, étant donné son ampleur, il est bon, croyons-nous, d'en dégager brièvement les caractères principaux et d'en présenter une courte analyse.

I. — APERÇU ET CARACTÉRISTIQUES DE LA LOI

15. La loi de 1918 embrasse dans son ensemble tout l'enseignement agricole, exception faite des cours ménagers pour jeunes filles institués dans les établissements dépendant du ministère de l'Instruction publique. Elle envisage donc l'enseignement à tous ses degrés : *supérieur*, *secondaire* et *primaire*. Notons toutefois que ces termes ne sont pas utilisés par la loi; si nous les employons, comme cela se fait très souvent, c'est parce qu'ils répondent à une classification commode et bien connue. Rappelons aussi qu'il s'agit uniquement de l'organisation de l'enseignement *public* ou officiel.

16. L'article 1er trace de façon précise toute l'économie de la loi :

ARTICLE PREMIER. — L'enseignement public de l'agriculture pour jeunes gens est donné :

1° à l'Institut national agronomique qui est l'école normale supérieure de l'agriculture;

2° dans les Ecoles Nationales d'agriculture de Grignon, de Montpellier et de Rennes;

3° dans les Ecoles d'agriculture comprenant :

a) les écoles pratiques d'agriculture;

b) les fermes-écoles;

c) les écoles techniques dont l'enseignement a pour objet une spécialité agricole;

4° dans les Ecoles d'agriculture d'hiver ou saisonnières;

5° dans les Cours d'enseignement agricole postscolaire.

. . . .

L'enseignement public de l'horticulture proprement dite est donné :

1° à l'Ecole Nationale d'horticulture de Versailles, qui est l'école supérieure de l'horticulture;

2° dans les Ecoles d'horticulture prévues au § *c* (écoles techniques)[1].

---

sion immense que les plus légers perfectionnements en agriculture peuvent avoir sur la fortune publique et l'importance que peut avoir l'enseignement agricole! (Annexe au procès-verbal de la deuxième séance de la Chambre, 2 décembre 1920.)

1. De l'art. 26 à l'art. 41, la loi organise l'enseignement agricole des jeunes filles. Nous en parlerons plus bas (p. 25), mais très sommairement, le pré-

17. Cette loi conserve donc, en lui donnant une forme plus organique, la législation précédente, sauf en ce qui concerne l'*enseignement postscolaire* qu'elle crée de toutes pièces. Mais, manifestement, un souci de meilleure adaptation de tous ses rouages en face des besoins réels de la culture française a présidé à son élaboration. Signalons, parmi les innovations, la création de « Sections d'application » (art. 3 et 6), destinées à donner aux ingénieurs sortant de l'Institut agronomique et des Ecoles nationales d'agriculture, un complément d'instruction spécialisée, et surtout pratique. C'est principalement, cependant, dans les mesures prises pour assurer la diffusion la plus large possible des connaissances agricoles, qu'il convient de rechercher le véritable esprit de la loi.

18. *Son caractère populaire.* — Nous avons vu que, jusqu'à la promulgation de la loi de 1918, une infime partie seulement du monde rural recevait une instruction professionnelle. Donné à une élite qui, trop souvent, dirige ses ambitions vers les carrières officielles, cet enseignement demeurait sans rayonnement efficace pour des millions de travailleurs attachés à leur terre. Il était urgent de les atteindre, à une époque surtout où le pays sentait le besoin de mobiliser tous ses producteurs; pour cela, une nouvelle législation s'imposait.

La loi de 1918 comble cette lacune, — en principe du moins — par l'institution d'un enseignement agricole postscolaire, pour les enfants des deux sexes de 13 à 17 ans.

Normalement, cet enseignement sera donné par l'instituteur et l'institutrice, que des cours spéciaux, dans les écoles normales, prépareront à leur nouvelle tâche. Quel succès est réservé, dans l'avenir, à ces cours ? Nous examinerons ce point un peu plus bas; qu'il nous suffise d'indiquer ici que de sérieuses difficultés se sont opposées, jusqu'à ce jour, à leur extension. D'après la loi également, et par suite de modifications concernant le personnel enseignant et l'utilisation des locaux pour des conférences ou des cours d'hiver, les écoles d'agriculture (fermes-écoles, écoles techniques, écoles pratiques) peuvent être appelées à exercer une heureuse influence dans la région agricole où elles sont établies.

II. — ORGANISATION

1° Le corps professoral.

19. *Formation.* — L'art. 4 fixe que les professeurs d'agriculture et les professeurs d'écoles d'agriculture sont choisis au

sent fascicule entendant ne traiter que de l'enseignement des jeunes gens. Il entre en effet dans les plans de la *Pratique sociale* de consacrer une étude à part à l'enseignement ménager rural, auquel doit se ramener, en fait, l'enseignement agricole des jeunes filles, si l'un et l'autre sont convenablement compris.

concours, exclusivement parmi les anciens élèves diplômés de l'Institut national agronomique et des Ecoles nationales d'agriculture, ayant fait leur spécialisation dans une des Sections d'application prévues par l'art. 3 de la même loi.

Pour les cours temporaires et les écoles d'hiver, le choix des professeurs est laissé au ministère de l'Agriculture. Un directeur technique, ordinairement le directeur des Services agricoles départementaux, est chargé du contrôle. Le décret du 23 juin 1920 (art. 39 et 56) lui accorde, quand besoin est, de faire appel à de simples professeurs adjoints, pourvus, autant que possible, du certificat d'aptitude pédagogique ou recrutés parmi les anciens élèves diplômés des établissements publics d'enseignement agricole de toute catégorie.

Des dirigeants de syndicats ou de simples cultivateurs compétents ne peuvent donc pas, régulièrement, à moins d'être en possession d'un brevet agricole officiel, donner des leçons dans les établissements et cours publics, soit écoles d'hiver, soit cours temporaires, et même postscolaires. Dérogation n'est faite, comme nous le dirons plus loin, que pour les cours postscolaires où l'on prévoit, dans certaines conditions seulement, la suppléance du titulaire par des agriculteurs de la région. Une telle rigidité de principes ne s'explique guère pour les formes élémentaires d'un enseignement qui, avant tout, suppose l'expérience. Les initiatives libres, dans ce domaine, tout en ne restant pas moins soucieuses des résultats, et en maintenant un contrôle efficace, sont heureusement entrées dans une voie plus féconde en réalisation.

20. *Statuts.* — La loi distingue les professeurs d'école d'agriculture et les professeurs d'agriculture. Ces derniers ne sont pas titulaires de chaires d'agriculture ; c'est à eux qu'incombe l'enseignement départemental, qui comprend le cours à l'Ecole normale primaire, des conférences dans les communes et divers services officiels d'intérêt général.

Avant la loi du 9 août 1921, les professeurs d'agriculture ne jouissaient pas de tous les privilèges des professeurs départementaux dont le sort avait été fixé par la loi du 21 août 1912. Ces différences ont été supprimées ; les professeurs d'école d'agriculture bénéficient désormais, comme les autres, de l'avancement à l'ancienneté, exigible après 5 ans de service dans une même classe. Des dispositions transitoires prévoient, en outre, des exceptions pour les candidats mobilisés, abaissant à 23 ans au lieu de 25, pendant 10 ans, la limite d'âge qui leur permet de se présenter au concours.

21. *Titres.* — Parmi les élèves aptes à l'enseignement, la loi reconnaît 2 catégories : les *ingénieurs agronomes*, diplômés de l'Institut agronomique, et les *ingénieurs agricoles*, formés par les Ecoles nationales d'agriculture. Les uns et les autres doivent, à leur sortie de l'Ecole, compléter leur instruction professionnelle dans l'une des écoles d'application suivantes :

Ecole nationale des Eaux et Forêts, Ecole du Génie rural, Ecole des Haras ou Sections d'applications. Les élèves de ces dernières sections reçoivent un certificat de spécialité.

2° Financement des Ecoles d'agriculture.

22. L'enseignement agricole officiel est en grande partie à la charge de l'Etat. C'est là une des principales difficultés qui entravent son extension ; il est impossible, en effet, dans les circonstances actuelles surtout, que le budget national supporte les dépenses qui seraient nécessaires [1].

A l'Institut national agronomique et aux Ecoles nationales d'agriculture les frais du personnel et d'une partie du matériel sont inscrits au compte de l'Etat. La loi prévoit aussi un certain nombre de bourses nouvelles.

Les subventions accordées aux Ecoles d'agriculture dépendent du contrat d'établissement, lequel, comme nous le verrons, peut être double, selon que l'Ecole se trouve sur un domaine appartenant à l'Etat, ou mis seulement à sa disposition pour une période de 30 ans au moins. Dans ce dernier cas, l'Etat n'intervient pas dans les dépenses d'entretien du mobilier, des bâtiments scolaires, des bâtiments d'exploitation et du cheptel vif et mort. Suivant les décrets du 23 juin 1920, si la partie bailleresse « n'effectue pas ces dépenses, le ministre, après mise en demeure inefficace, peut fermer l'école et poursuivre, par toutes voies de droit, la réalisation des engagements ».

L'Etat prend à sa charge la rétribution du personnel enseignant et les frais accessoires de l'enseignement ; la loi du 5 août 1920 autorise, en outre, le ministre à acquérir, pour ces Ecoles, l'outillage et le matériel indispensables, à effectuer les travaux d'aménagement, réparations, installations ou constructions neuves.

Dans les Ecoles d'agriculture saisonnières, les dépenses d'entretien sont à la charge du propriétaire (département, commune, société ou syndicat). Les frais de fonctionnement sont, à concurrence de 70 %, supportés par l'Etat, le surplus, par le département, la commune ou le groupement ayant demandé la création de l'établissement. (Décret du 23 juin 1920.)

Pour l'enseignement agricole postscolaire qui, s'il se généralise, nécessitera des sommes considérables, la loi de 1918 (art. 20) oblige les Conseils généraux à voter des subventions qui ne peuvent, en aucun cas, être inférieures au quart de l'indemnité prévue pour l'instituteur chargé de ces cours.

---

1. Le budget de 1923 attribuait : à l'Institut agronomique un crédit total de 1.166.000 fr. (personnel : 816.000 ; matériel : 350.000) à l'ensemble des autres écoles, tant les trois Ecoles nationales que les ordinaires, plus les fermes-écoles et établissements divers, un total de 3.872.000 fr. ; en outre 360.000 fr. pour indemnités et allocations au personnel enseignant et 85.000 fr. de bourses pour les grandes écoles. Il faudrait ajouter les fonds provenant des prélèvements sur le pari mutuel : 0,50 % à partir du 5 août 1921. (Loi du 5 août 1920). Ces prélèvements s'élevaient pour 1921 à 9.779.950 fr. ; pour 1922 (1er janvier au 15 sept.) à 3.881.980 fr. ; sur lesquels en 1921, près de 3.500.000 fr. avaient été dépensés pour les écoles d'agriculture (dont plus de deux millions pour les trois Ecoles nationales) ; en 1922, du 1er janvier au 31 mai, 5.867.574 fr. (dont quatre millions pour l'Institut national agronomique).

23. De telles dépenses, réclamées par un enseignement en voie de se répandre, ne peuvent être assumées, comme nous l'avons dit, par le seul budget du ministère de l'Agriculture. On chercha les moyens de se procurer de nouvelles ressources, et ce fut l'œuvre de la loi du 5 août 1920, modifiée par celle du 5 avril 1923.

Cette loi prévoit « un prelèvement du taux de 1 % sur la masse des sommes engagées au pari mutuel, dans ceux des hippodromes où il est opéré actuellement un prélèvement de 10 % ». Une partie de ces fonds doit aller aux établissements d'enseignement agricole prévus par la loi du 2 août 1918, pour aider à la constitution de leur capital d'exploitation et de leur roulement ; l'autre partie servira à faciliter la création de cours agricoles pour jeunes gens et jeunes filles (acquisition de matériel scolaire ou transformations nécessaires à l'installation des cours, installation d'appareils cinématographiques et acquisition de films pour vulgariser les connaissances agricoles).

Il faut regretter que la loi n'ait songé qu'à l'enseignement agricole *officiel*, et qu'elle ait même exclu formellement de ses libéralités tout autre enseignement. L'article 2 de la loi du 5 avril 1923 note, en effet, « que les subventions ne seront attribuées qu'à des établissements placés sous le régime de la loi du 2 août 1918 », c'est-à-dire se pliant aux nombreuses exigences qu'il nous faut maintenant examiner.

3° Ecoles.

24. Notre présent exposé de la législation nécessite une revue des différentes catégories d'établissements d'enseignement agricole et des dispositions relatives à chacun. Ces dispositions ont, d'ailleurs, été déjà complétées ou précisées par de nombreux arrêtés et décrets ; nous nous proposons d'examiner dans la seconde partie, réservée aux réalisations et à l'étude des écoles-types, les détails d'application qui ne seraient pas de nature à éclairer directement la loi.

Institut National Agronomique.

25. Cet établissement, comme on le sait, est l'école normale supérieure de l'agriculture. Il a pour but de former : — 1° des agriculteurs et des propriétaires possédant les connaissances scientifiques nécessaires pour la meilleure exploitation du sol ; — 2° des professeurs pour l'enseignement agricole dans les Ecoles Nationales, les Ecoles d'agriculture, l'enseignement départemental (directeurs de services agricoles, professeurs d'agriculture, etc...) ; — 3° des administrateurs pour les divers services publics ou privés dans lesquels les intérêts de l'agriculture sont engagés ; — 4° des agents pour l'administration des forêts ; — 5° des agents pour l'administration des haras ; — 6° des ingénieurs pour le service du génie rural ; — 7° des directeurs de stations agronomiques ; — 8° des chimistes ou directeurs pour les industries agricoles (sucreries, féculeries, distilleries, fabriques d'engrais, etc...).

Ajoutons que les élèves de l'Ecole forestière de Nancy, de l'Ecole des Haras, de l'Ecole supérieure du Génie rural, se recrutent exclusivement parmi les anciens élèves diplômés de l'Institut agronomique. Exception n'est faite que pour l'Ecole forestière, dont quelques places sont réservées aux élèves de l'Ecole Polytechnique [1].

Ecoles Nationales d'Agriculture.

26. Ces Ecoles ont pour but de former : — 1° des jeunes gens qui se destinent à la gestion des grands domaines ruraux, soit pour leur propre compte, soit pour le compte d'autrui ; — 2° des professeurs pour l'enseignement agricole ; — 3° des administrateurs pour les divers services publics ou privés intéressant l'agriculture ; — 4° des directeurs de stations agronomiques ; — 5° des chimistes ou directeurs pour industries agricoles [2].

Ecoles spéciales.

27. A côté de cet enseignement général supérieur de l'agriculture, il existe dans plusieurs écoles, contrôlées officiellement, un haut enseignement spécialisé.

La loi du 2 août 1918 n'en parle pas ; elle mentionne seulement (art. 4) que le recrutement des titulaires de chaires d'horticulture se fera exclusivement parmi les anciens élèves diplômés de l'Ecole nationale d'horticulture de Versailles. Nous n'y insisterons donc pas maintenant, renvoyant à la deuxième partie l'étude de cet enseignement spécial supérieur.

Ecoles d'agriculture.

28. Sous ce terme générique la loi range désormais : les Ecoles pratiques, les Ecoles techniques et les Fermes-écoles ; les écoles professionnelles spéciales restant dénommées d'après la nature de leur spécialité.

Tous ces établissements distribuent un enseignement agricole *moyen* ; ils s'adressent aux jeunes gens qui, au sortir des collèges ou des écoles primaires et primaires supérieures, désirent acquérir une instruction professionnelle agricole. Ils sont soumis à un ensemble de dispositions communes qu'énumère le décret du 23 juin 1920 en son titre II.

---

1. Pour l'organisation, le programme et le fonctionnement de l'Institut, voir plus bas, p. 34.
2. Voir également plus bas, p. 37, pour les détails.

Conditions d'établissement. — Les écoles d'agriculture peuvent devoir leur existence à l'initiative des intéressés eux-mêmes. Lorsqu'un département, une commune, un établissement public, un groupement professionnel ou un particulier désire fonder une de ces écoles, il lui suffit d'en adresser la demande au ministre de l'Agriculture en y joignant tous plans, notices explicatives et renseignements utiles. Si après enquête faite par un délégué du ministère de l'Agriculture, spécialement habilité à cet effet, un avis favorable est donné sur l'état des bâtiments scolaires, du mobilier et de l'exploitation, l'école peut être fondée.

Avant la loi de 1918, les conditions d'établissement n'avaient pas été rigoureusement déterminées. L'expérience ayant révélé les inconvénients de ce système, les deux points suivants ont été fixés par la loi (art 10 de la loi, et décret du 23 juin 1920) :

1° en principe, les écoles d'agriculture ne peuvent plus être établies que sur des domaines appartenant à l'État ou mis à sa disposition pour une période de trente ans au moins. Cependant dérogation est faite pour les fermes-écoles et les écoles pratiques actuellement existantes et qui sont propriété soit de particuliers, soit de communes ou de départements ;

2° le régime normal d'exploitation et du pensionnat doit être celui de la régie pour le compte de la commune, du département ou de l'Etat. Un particulier ne peut donc plus être directeur-exploitant de l'école, ce qui coupera court aux abus [1] : l'école au lieu d'être, comme cela arrivait, une ferme de rapport dont les élèves formaient la main-d'œuvre, se préoccupera d'enseignement pratique d'une façon plus désintéressée.

29. *Fonctionnement et contrôle.* — Dans l'esprit de la loi, ces écoles visent avant tout l'enseignement des cultures régionales ; elles doivent être les pépinières locales où se forment les bons agriculteurs. Pour assurer une meilleure adaptation aux besoins particuliers de la contrée, une arrêté du ministre de l'Agriculture détermine pour chaque école ses conditions de fonctionnement.

Le programme d'études, notamment, n'est fixé qu'après avis d'un comité de perfectionnement, lequel est composé généralement de la façon suivante [2] :

1° l'inspecteur général de l'agriculture de la région, président ;

2° le directeur des services agricoles du département, vice-président ;

3° trois membres du conseil général délégués par l'assemblée départementale ;

4° deux notabilités agricoles du département désignées par le ministre sur la proposition du préfet ;

5° le maire de la commune (si l'école est en régie au compte d'une commune).

1. Cf. *Rapport de M. Plissonnier*, 1913, p. 212 et seq.

2. Annexe de l'Instruction du 7 oct. 1920, présentant un modèle d'arrêté-type pour la création d'écoles d'agriculture.

30. La surveillance et le contrôle sont exercés sous l'autorité du ministre, lequel délègue ordinairement le directeur des services agricoles du département où l'école se trouve située.

Prix de pension et bourses. — Le prix de pension variait au début de 1924 entre 900 et 1.200 fr. pour les écoles pratiques d'agriculture ; il est fixé également par arrêté du ministre.

Les bourses sont accordées aux mêmes conditions que précédemment, c'est-à-dire suivant un classement basé sur l'ensemble des notes de l'élève, sur la situation de fortune et les charges de famille de ses parents. Elles ne peuvent être retirées qu'après avis du Conseil de perfectionnement de l'école.

31. Il est important de noter que l'art. 13 de la loi autorise l'annexion aux écoles d'agriculture d'une ou plusieurs écoles de spécialités, d'une école d'agriculture d'hiver ou saisonnière, d'une école d'agriculture ménagère agricole ou d'une école de laiterie pour jeunes filles pendant les vacances, enfin de cours temporaires pour adultes.

Il est prévu aussi qu'un comité de consultations gratuites, comprenant tout le personnel enseignant, se tiendra dans chaque école à la disposition des cultivateurs de la région, qui, soit par lettres, soit aux heures de réception indiquées, sont invités à y recourir. Ajoutons enfin, qu'en dehors de leurs cours réguliers et avec acquiescement du directeur départemental des services agricoles, les professeurs peuvent être demandés pour des conférences aux adultes.

Ecoles d'agriculture d'hiver ou saisonnières [1].

32. Cette forme d'enseignement a été instituée pour permettre aux fils de cultivateurs, très nombreux, qui ne peuvent passer deux ou trois ans dans une école d'agriculture, de recevoir une instruction professionnelle. Elle offre ces avantages de ne pas détacher les enfants de la famille, de ne pas dérober une main-d'œuvre précieuse, les cours ayant lieu durant la morte saison, et de s'adresser à des jeunes gens en âge de s'assimiler l'enseignement avec profit.

Ces écoles sont ou fixes ou ambulantes.

Conditions d'établissement. — Les pétitionnaires (départements, communes, groupements professionnels ou particuliers) doivent s'engager, dans les formes légales, pour un nombre d'années expressément défini et qui ne peut être inférieur à cinq ans, à mettre gratuitement à la disposition du ministre,

1. Le décret du 25 octobre 1923 (*J. O.*, 2 novembre 1923) a complété le décret du 23 juin 1920, en ce qui concerne l'organisation et le fonctionnement de ces écoles.

les locaux et le matériel scolaire nécessaires au fonctionnement normal de l'école. Ils doivent, en outre, intervenir dans la proportion de 30 % aux dépenses de l'établissement.

Lorsqu'il s'agit d'une école ambulante, l'intégralité des dépenses d'entretien du matériel d'enseignement est à la charge du contractant, l'Etat pourvoyant seulement à l'enseignement.

Les locaux pouvant être affectés aux écoles d'hiver sont de trois catégories : 1° ou, comme il a été dit, des locaux mis à la disposition de l'Etat, pour une période donnée ; — 2° ou des écoles d'agriculture dépendant du ministère de l'Agriculture ; — 3° ou aussi des lycées, collèges, écoles primaires supérieures ou tous autres établissements d'instruction, après entente avec les autorités compétentes.

33. *Fonctionnement.* — Il est réglé comme pour les écoles par arrêté ministériel. La durée de l'enseignement est fixée à deux hivers, à raison de quatre mois au maximum par hiver, de novembre à mars. Ceux qui ont suivi les cours régulièrement, subissent un examen général de sortie devant le Comité de surveillance et de perfectionnement, et reçoivent le diplôme des écoles d'hiver.

Le programme général des matières d'enseignement est fixé par le décret du 25 octobre 1923 ; il est établi pour chaque école, dans le détail, par l'Inspecteur général d'agriculture de la région, en tenant compte de la spécialité culturale de la région et après avis d'un Comité de surveillance et de perfectionnement, analogue à celui que nous avons indiqué un peu plus haut pour les écoles d'agriculture. Le ministre peut modifier ce programme après avis de l'Inspection générale de l'agriculture.

Quand l'école est annexée à un établissement d'enseignement agricole, la direction technique et administrative en est confiée au directeur technique. Si elle est annexée à un établissement ne dépendant pas du ministère de l'Agriculture, c'est le directeur des Services agricoles du département ou un professeur qui exerce la direction technique, la direction administrative restant au directeur de l'établissement.

Enseignement postscolaire [1].

34. Cet enseignement est destiné à apporter le bienfait de notions scientifiques agricoles à tous ceux qui ne peuvent venir les chercher dans les écoles précédemment citées. Si quelques élèves, dans la suite, voulaient pousser plus loin, ces premières connaissances leur serviraient d'utile introduction à des études plus complètes.

Les ambitions de la loi, disons-le, sont extrêmement vastes. Elle prévoit, en effet, cent cinquante heures d'études au moins

1. Voir également décret du 13 juillet 1920, réglementant l'organisation de l'enseignement postscolaire public agricole.

chaque année, pendant quatre ans, pour tous les jeunes ruraux, jeunes gens et jeunes filles de plus de 13 ans, avec au bout, comme sanction, un certificat d'études agricoles. Il est demandé aux maîtres un brevet d'enseignement agricole et le certificat d'aptitude pédagogique. Mais ces cours ne sont pas obligatoires, pour cette simple raison que l'obligation aurait été inefficace ; on pouvait prévoir, en effet, qu'en des cas fort nombreux, la bonne volonté persévérante ferait défaut de part et d'autre : à l'instituteur, pour assumer cette nouvelle charge après une journée déjà bien remplie ; aux familles paysannes surtout, pour donner, quatre ans durant, leurs enfants à une institution dont elles n'ont pas encore vérifié expérimentalement les bons effets.

35. *Création.* — L'initiative de la création de cours postscolaires peut venir soit de la commune, soit de la commission départementale d'agriculture à qui cette mission est spécialement confiée (art. 23).

Dans le premier cas, le maire adresse la demande au préfet, en ayant soin d'indiquer : 1° les locaux disponibles (école publique ou tout autre immeuble mis à la disposition de l'Etat) ; 2° l'époque jugée la plus avantageuse pour l'enseignement demandé. Il joint l'engagement par la commune de se charger des dépenses de chauffage, d'éclairage, ainsi que des frais de cours, achats de livres et de matériel scolaire d'enseignement.

Plusieurs communes, comme le prévoit le décret du 13 juillet 1920, peuvent se réunir pour organiser, à frais communs, cet enseignement postscolaire. La demande est alors faite par le maire de la commune où doit se donner l'enseignement.

Quand l'initiative émane de la Commission départementale d'agriculture, il est nécessaire que le conseil municipal de la commune intéressée soit consulté. S'il refuse de concourir aux frais d'installation, il appartient à la Commission de faire connaître les ressources par lesquelles elle entend faire face aux dépenses mentionnées plus haut.

36. *Fonctionnement.* — D'après la loi, l'enseignement postscolaire agricole doit être donné pendant quatre ans au moins, à raison de cent cinquante heures au moins par année.

La Commission départementale, chargée par l'art. 23 de promouvoir la création de ces cours, a également pour mission d'établir le programme d'études approprié à la région, lequel devra recevoir approbation du ministre de l'Agriculture et de celui de l'Instruction publique.

Cette Commission comprend, sous la présidence du préfet, le directeur départemental des services agricoles, le conservateur des eaux et forêts ou son délégué, l'inspecteur d'académie ou son délegué, et trois notabilités agricoles désignées pour trois ans par le préfet, sur la proposition du directeur des services agricoles.

En outre, une Commission centrale est instituée au ministère de l'Agriculture pour donner son avis sur les questions concernant : programme, règlement, organisation de l'enseignement agricole postscolaire. Elle est ainsi constituée :

a) représentants du ministère de l'Agriculture : le directeur de l'agriculture ou son délégué, 2 inspecteurs généraux de l'agriculture désignés à cet effet;

b) représentants du ministère de l'Instruction publique : le directeur de l'enseignement primaire ou son délégué, 2 inspecteurs généraux de l'instruction publique ;

c) notabilités agricoles : 3 notabilités agricoles désignées par le ministre de l'Agriculture.

37. *Inspection et contrôle.* — Les cours postscolaires relevant, à la fois, du ministère de l'Agriculture et du ministère de l'Instruction publique, sont soumis à un double contrôle : les inspecteurs généraux de l'agriculture sont chargés de l'inspection au point de vue technique; les inspecteurs primaires, au point de vue pédagogique.

38. L'enseignement postscolaire ne sera pas exclusivement professionnel, comme quelques-uns ont pu le croire. L'instituteur rural ne pourrait pas prendre sur lui d'enseigner à ses élèves la pratique manuelle des opérations culturales que les cultivateurs peuvent apprendre eux-mêmes à leurs enfants. Il faut plutôt le concevoir à la façon des cours populaires qui se donnent en Allemagne, dans toutes les campagnes, et où l'on n'apprend aux enfants que des notions de sciences physiques et naturelles appliquées à l'agriculture. Le programme sera déjà assez riche ainsi, surtout si l'on y joint, comme cela est très à désirer, quelques idées sur la coopération, la mutualité et la prévoyance en matière agricole.

On comprend, cependant, que l'application d'un tel programme à de jeunes esprits est chose assez délicate. C'est pourquoi il est à souhaiter, qu'outre la préparation sérieuse des maîtres, laquelle devrait se faire dans les Ecoles normales [1], la Commission départementale mette tous ses soins dans l'élaboration de ses programmes. Nous examinerons, plus en détail, cette question un peu plus bas (p. 28).

L'art. 22 de la loi porte aussi que l'instituteur, titulaire normal des cours postscolaires, peut être remplacé ou aidé dans les cours annexes par des agriculteurs ou des spécialistes résidant

1. Cette préparation existe déjà en quelque degré. Une des fonctions prévues du directeur départemental des services agricoles est de donner ou de faire donner les cours d'agriculture à l'Ecole normale, à raison de 60 heures par an. Ce cours, considéré comme très accessoire par les jeunes instituteurs, ne suffit pas, de l'aveu de tous, à assurer la formation agricole des futurs maîtres.

dans la commune ou dans les communes voisines. Il est nécessaire, pour cela, qu'il y ait entente avec le directeur des services agricoles, et désignation reconnue par la préfecture.

Cinéma agricole.

39. Il convient de signaler, à propos de l'enseignement post-scolaire, cet excellent instrument de vulgarisation agricole que peut être le cinéma.

La loi du 5 avril 1923, modifiant l'art. 2 de la loi du 5 août 1920, prévoit « des subventions pour la création, l'acquisition de films, et pour l'installation et le fonctionnement dans les communes rurales ou dans les établissements d'enseignement agricole prévus par la loi du 2 août 1918, d'appareils cinématographiques, soit fixes, soit ambulants, destinés à la vulgarisation des connaissances utiles à l'agriculture ou à la propagande agricole.

Le décret du 20 mai 1923 (*J. O.*, 25 mai) règle la répartition de ces subventions : elle est effectuée par le ministre de l'Agriculture après avis de la « Commission du cinématographe agricole », instituée par le décret du 30 avril 1923. La demande de subventions en vue d'achat, transport, fonctionnement de l'appareil et matériel annexe; achat, location, transport de films, etc., peut être adressée au ministère de l'Agriculture par tout établissement d'enseignement agricole, commune, association agricole, syndicat, et même tout particulier. Cette demande, avant d'être examinée par la Commission, fait l'objet d'une enquête du préfet « sur le but, l'importance, les moyens d'action et le personnel directeur desdites œuvres de vulgarisation et propagande agricoles ». Le préfet est tenu d'y joindre son avis, ainsi que celui de l'Office agricole départemental.

Le service de prêts de films et vues est fait, actuellement encore, par le Musée pédagogique, 41, rue Gay-Lussac, Paris. Le ministère de l'Agriculture s'occupe de faire établir des films nouveaux.

III. — DISPOSITIONS COMPLÉMENTAIRES

40. Deux dispositions nouvelles sont venues élargir encore les cadres de la loi du 2 août 1918 : l'une qui a trait aux attributions du syndicat agricole, et l'autre qui tend à faire profiter l'agriculture de la législation connue sous le nom de loi Astier, en créant des centres d'apprentissage pour main-d'œuvre agricole.

Cours professionnels et Ecoles syndicales.

41. La loi du 12 mars 1920, qui complète celle du 21 mars 1884, reconnaît désormais aux syndicats, dans son art. 5, le droit de créer, administrer ou subventionner des œuvres professionnelles, et notamment les « *œuvres d'éducation scientifique, agricole et sociale, cours et publications intéressant la profession* ». D'après la législation même, les syndicats et unions de syndicats — car les unions jouissent des mêmes prérogatives que les syndicats — ont donc la faculté d'ouvrir des écoles et cours professionnels.

Il faut rappeler que la même loi confère aux syndicats et aux unions le droit d'acquérir sans autorisation et posséder tous meubles et immeubles scolaires, recevoir dons et legs, etc... [1]. On s'est demandé à propos de la loi Astier (25 juillet 1919) et du décret en réglementant l'application (22 février 1921) si les écoles techniques professionnelles déjà créées ou à créer par des *syndicats professionnels* étaient soumises aux formalités prescrites par cette loi et par le décret. La réponse paraît devoir être affirmative [2]. Mais il est à noter qu'il s'agit d'écoles, non de simples cours professionnels, et qu'en tous cas il n'est question que d'enseignement industriel et commercial, non d'enseignement agricole. Celui-ci n'a rien à voir avec la loi Astier, et, d'autre part, la loi du 2 août 1918 n'organisant que l'enseignement *public* de l'agriculture, l'enseignement privé en cette matière (ouverture d'écoles et cours, programmes et fonctionnement) garde jusqu'à présent une totale liberté. Notons encore que les écoles d'agriculture et cours professionnels agricoles relèvent uniquement du ministère de l'Agriculture.

En ce qui concerne le programme d'enseignement, l'école d'agriculture organisée par un syndicat doit s'en tenir aux « matières professionnelles », sans empiéter sur le programme de l'enseignement primaire ou secondaire qui est un domaine réservé. Elle ne pourrait, par exemple, ouvrir un cours de français, un cours de mathématiques, d'histoire, de géographie, mais elle tournera aisément l'obstacle, tout en restant dans la lettre et même dans l'esprit de la loi, si elle ouvre des cours de français commercial, un cours de comptabilité agricole, un cours d'histoire rurale, un cours de géographie économique.

Centres d'apprentissage.

42. Ils ont été créés par arrêté du 13 décembre 1919, pour remédier à l'insuffisance de main-d'œuvre agricole, en facilitant

1. Cf. Le fascicule de la Pratique Sociale paru sur « le Syndicat agricole » p. 13.

2. Cette question a été nettement mise en lumière dans le n° des *Dossiers* du 25 juillet 1921 : *Les Ecoles syndicales sont-elles tenues à la déclaration ?* Ind. 23. Ens. techn. synd., principalement p. 4.

la formation d'ouvriers expérimentés, initiés de bonne heure à tous les travaux de la culture. L'intention très nette des promoteurs fut aussi d'ouvrir par là, aux orphelins de guerre et aux fils de familles nombreuse, la voie du retour à la terre.

Les centres d'apprentissage sont de différents types, selon la région et le domaine sur lequel ils se trouvent établis : centres agricoles, viticoles, horticoles ou centres de mécanique agricole.

43. *Création et contrôle.* La création d'un centre peut être faite par les Chambres d'agriculture[1], les associations agricoles, les œuvres d'assistance ou par de simples particuliers.

Il suffit, à cet effet, d'adresser au ministre de l'Agriculture (service de la main-d'œuvre agricole, 78, rue de Varenne, VIIe) une demande, accompagnée de pièces justificatives : renseignements sur l'exploitation, locaux destinés à l'installation des enfants, moyens personnels dont dispose le pétitionnaire.

Les centres subventionnés par l'Etat sont soumis au contrôle des inspecteurs de l'agriculture, et si, comme très souvent c'est le cas, ils ont reçu des pupilles de la Nation, ils se trouvent également sous la surveillance de l'Office départemental des pupilles chargé des intérêts moraux et matériels de ces derniers.

L'admission dans les centres n'est subordonnée à aucun examen ou concours ; la durée de l'apprentissage est variable suivant l'âge et les aptitudes du sujet.

44. *Subventions de l'Etat.* — Si la demande en a été faite selon les formalités prévues, après enquête d'un inspecteur sur les lieux et communication de la demande à l'Office départemental des pupilles lorsque ceux-ci doivent être admis, le ministre peut, en cas de décision favorable, accorder une double subvention :

1° une subvention *de premier établissement et d'aménagement* proportionnée aux travaux effectués ou à effectuer pour les locaux des apprentis (environ 10.000 fr.) ;

2° une subvention *d'entretien*, trimestrielle, par apprenti, laquelle peut se cumuler avec les subventions d'apprentissage des Offices départementaux des pupilles de la Nation : alors ces pupilles sont entretenus gratuitement. Pour les autres, pas de règle uniforme ; mais en fait, la plupart devront être reçus dans les mêmes conditions. Noter d'ailleurs que, durant leur apprentissage, les enfants ne reçoivent aucune rémunération, quitte à voir stimuler leur zèle par un léger pécule.

Du seul point de vue matériel, il est donc assez facile pour un groupement agricole quelconque (association, syndicat...) et même pour un simple agriculteur, de créer un centre

1. Droit inscrit dans la loi sur les Chambres d'agriculture, art. 25, en son dernier état. (*J. O.*, 4 janvier 1924.)

d'apprentissage. Les appuis financiers de l'Etat dédommagent d'une partie des sacrifices nécessités par la fondation et, dans la suite, si l'on a su organiser la formation des apprentis, ceux-ci sont bientôt en état de rendre de très appréciables services.

L'Enseignement agricole à l'école primaire. (*Proposition de Monicault.*)

45. La loi du 2 août 1918 organise l'enseignement professionnel de l'agriculture; on conçoit donc qu'elle laisse totalement en dehors de ses dispositions l'enseignement dans les écoles primaires, qui, en effet, est et doit rester assez général et préparer simplement à l'enseignement professionnel proprement dit. Mais encore ne faut-il pas que cet enseignement premier mine par avance, de par ses programmes, et beaucoup plus de par l'esprit dans lequel il est donné, l'enseignement professionnel agricole qui doit s'édifier sur lui. Or on accorde assez généralement aujourd'hui que fort souvent l'école primaire a favorisé en fait le déracinement des ruraux et a précipité la désertion de la terre. Sans être, bien entendu, ni la seule responsable, ni même la principale responsable, elle a sa part, néanmoins, dans ce malheur national.

La cause n'en est pas tant dans les programmes, disionsnous : on peut leur reprocher, entre autres choses, leur rigide uniformité, leur caractère beaucoup trop encyclopédique, irréaliste; néanmoins, ils imposent pour le cours moyen (de 9 à 11 ans) et pour le cours supérieur (de 11 à 13 ans) l'enseignement de notions d'agriculture et d'horticulture, que doivent accompagner des leçons de choses dans le jardin scolaire [1]. La grande cause en est dans l'insuffisante ou malencontreuse formation des maîtres préposés à cet enseignement. Bien entendu, nous faisons toutes exceptions pour tant d'instituteurs et d'institutrices de campagne admirables qui, ayant conscience de leur véritable mission, consacrent leur travail à conserver au sol de durables et habiles fidélités, et y réussissent [2]. Reste que

1. Le ministre de l'Instruction publique a confirmé dernièrement les directives déjà données, en y insistant. « ... Dans les écoles rurales, on donnera un enseignement pratique et théorique de l'agriculture... Le jardin scolaire ne doit point être laissé en friche... » (Voir *J. O.*, 25 février 1923 : Arrêté du ministre de l'Instr. publ.; et au 22 juin 1923 : Instructions commentant cet arrêté.)

2. Dans son rapport annuel pour 1921-1922 sur les Œuvres complémentaires de l'école publique (Cf. *J. O.* 10 août 1923, Annexes, p. 415 sq.), M. Petit, après avoir déploré l'exode continu de la jeunesse des campagnes vers les villes, cite, avec éloge, quelques exemples-types d'instituteurs ruraux « aux mains calleuses », qui, par leur enseignement et leur exemple, s'attachent à enrayer le déracinement.

beaucoup d'autres, si même ils s'en préoccupent, y échouent. Ils ne sont pas terriens dans l'âme et la plupart des rédacteurs de manuels en usage dans les écoles, pas davantage; ruraux d'occasion et par force, comment donneraient-ils à leurs élèves cet amour de la vocation paysanne qu'ils n'ont pas ou n'ont plus, que leur formation à l'Ecole normale, que les règles d'avancement ensuite ne pourraient qu'éteindre chez eux? Or, comme on l'a remarqué maintes fois fort justement, ce qui importe avant tout, ce n'est pas que l'école primaire donne quelques éléments d'instruction agricole : là n'est pas sa vraie tâche, qui se fera ailleurs, plus tard et beaucoup mieux; mais, c'est qu'elle donne l'*éducation agricole;* entendons par là : inculque à ses jeunes élèves, fils d'agriculteurs, la fierté, le goût, l'amour de la profession paternelle [1].

46. Il y a déjà assez longtemps qu'on se préocupe de cet état de choses, même dans les milieux officiels. En septembre 1918, le directeur de l'enseignement primaire, M. Lapie, reconnaissait nécessaire la spécialisation des instituteurs et donc probablement la spécialisation des Ecoles normales : les futurs maîtres et maîtresses, dont toute la carrière aurait à s'exercer dans les écoles rurales, devraient être formés à part; il préconisait, en conséquence, l'ouverture dans chaque région d'une Ecole normale pour instituteurs ruraux, d'une autre pour institutrices rurales. Rien n'a été fait.

Cependant en 1923 a été créé, pour encourager les maîtres ruraux, un brevet agricole qui donne le droit à son titulaire de diriger un cours spécial (Enseign' postscolaire) et de recevoir une indemnité de 500 à 600 fr.

47. Un député, M. de Monicault, a essayé pourtant d'aboutir. Le 27 avril 1921, il déposait à la Chambre une proposition de

1. « Même si la natalité s'accroît, la campagne n'est pas encore sûre de garder ses enfants; il faut un redressement de l'école publique. Le métier n'y est pas vanté comme un emploi magnifique de la vie. L'idéal n'est ni rural, ni ouvrier; il est bourgeois... Que j'aimerais une école où l'on enseignât, non pas l'agriculture — la leçon se donne en plein air et derrière la charrue, — mais à aimer l'agriculture. » (R. Bazin, *Echo de Paris*, 15 sept. 1914, — Voir dans le même sens le livre de M. Albert Vincent : *L'école rurale de demain*, et celui du D' Labat : *L'âme paysanne.* Et cet extrait d'un rapport sur le programme d'un grand parti politique à la veille des élections de 1924. Nous notons que l'auteur du rapport fait partie de l'état-major d'une vaste association d'industriels français : « ... Nous comptons sur la réorganisation de l'enseignement agricole, en partant de la base, c'est-à-dire de l'instituteur qui, spécialiste lui-même, devra être le prédicateur du séjour ou du retour à la terre, l'éveilleur, dans la contrée où il opère, des vocations, l'expert rural, le conseiller de la vie des champs et non point l'échantillon de la vie des villes... » (Rapport François-Poncet, mars 1924.)

loi où était réclamée la scission de l'enseignement primaire en enseignement *rural* et enseignement *urbain* [1]. Elle contient les dispositions suivantes :

1° L'option pour les élèves-instituteurs entre la branche-ville et la branche-campagne dès leur seconde année d'école normale.

2° Un avancement particulier pour chaque catégorie d'instituteurs et une répartition des récompenses faite au prorata des classes selon la catégorie. De plus, afin que les enfants des instituteurs ruraux, qui trouvent difficilement le moyen de s'instruire au village, ne soient pas désavantagés, un système de bourses permettra de rétablir l'équilibre entre les deux catégories.

Enfin, ce même texte prévoit des modification dans le programme d'enseignement. Les classes rurales (pour les élèves à partir de 10 ans) seraient allégées d'une fraction de leur programme littéraire, qu'on remplacerait par des cours d'agriculture, de comptabilité élémentaire et de notions simples de droit administratif, etc...

L'enseignement agricole féminin [2].

48. Cet enseignement est réglé par l'art. 26 de la loi du 2 août 1918 de la façon suivante :

L'enseignement agricole et l'enseignement agricole ménager pour les jeunes filles est donné :

1° A l'Institut agronomique ;

2° Dans les Ecoles nationales d'agriculture ;

3° Dans les Ecoles ménagères qui peuvent être fixes, temporaires fixes ou temporaires ambulantes, et qui prendront le nom « d'écoles agricoles ménagères, d'écoles agricoles ménagères temporaires, d'écoles agricoles ménagères ambulantes » ;

4° Dans les cours d'enseignement ménager postscolaires.

Depuis lors, le deuxième alinéa a été modifié par la loi du 9 août 1921 qui lui ajouta ces mots : « spécialement réservées

1. Voir *Doc. parl.* Ch., annexe 2.938, p. 2.033. La proposition de M. de Monicault répond en fait au rapport de M. Herriot, qui venait de faire adopter, dans la séance du 27 avril 1921, la nouvelle proposition relative à l'avancement des instituteurs. Ce dispositif règle l'avancement de l'instituteur rural d'après l'importance numérique de l'école, c'est-à-dire comporte pratiquement son déplacement pour la ville, alors qu'il devrait obtenir un avancement légitime en restant instituteur rural. «... Il était illusoire de penser, dit M. de Monicault, qu'un instituteur qui, la plupart du temps, a quitté une famille rurale parce qu'il ne se sent aucun goût pour l'agriculture, consentirait à faire des cours d'agriculture dans les petites communes rurales et à se perfectionner dans cet art. Il serait encore plus vain de l'espérer maintenant qu'il saura qu'il ne pratiquera plus l'enseignement rural à la fin de sa carrière. » L'avancement, à cette heure, c'est le passage d'une école de village à un seul maître, dans une école de ville à un ou plusieurs adjoints. Alors, pour le maître promu, un seul cours à diriger, avec, en plus, les agréments de la ville, des indemnités de direction et de résidence.

2. Voir à ce sujet plus haut, la note p. 9.

aux jeunes filles. » Pour des raisons disciplinaires d'abord, pour une adaptation de cet enseignement à la formation nécessairement spéciale des jeunes filles, cette modification s'imposait. Le décret du 5 février 1923 (*J. O.* 9 février) a fixé les conditions de constitution et de fonctionnement de ces écoles. En conséquence a été ouverte en 1923, à Coëtlogon (Rennes), la première école de ce genre.

49. L'art. 27 de la loi porte que « l'Institut agronomique et les Ecoles nationales d'agriculture ont pour but de préparer les jeunes filles à remplir le rôle incombant aux femmes qui se destinent à la gestion des domaines ruraux. » Pratiquement elles fourniront avant tout des professeurs pour les établissements d'enseignement agricole ménager et des fonctionnaires du ministère de l'Agriculture. D'ailleurs il semble qu'il y ait quelque contradiction dans l'énoncé de l'article : le rôle incombant aux femmes est, dans la très grande généralité des cas, de collaborer à la gestion, à sa place et dans son rôle naturel, non de gérer souverainement; d'être « fermière », au sens reçu de ce mot, et « ménagère » avant tout.

Et c'est pourquoi à l'appellation : « enseignement agricole féminin », nous substituerions partout celle-ci : « enseignement ménager rural », qui définit très exactement, à condition qu'on l'entende bien, l'objet propre de l'enseignement de l'agriculture aux jeunes filles : former la maîtresse de maison à la campagne, selon son rang, la mère qui saura élever et soigner ses enfants, la ménagère active qui secondera son mari avant tout dans les travaux d'intérieur et de ferme (basse-cour, laiterie, jardinage, etc.), à quoi la disposent sa constitution physique et ses qualités naturelles.

Les art. 28 à 40 de la loi ont trait précisément à l'organisation de cet enseignement ménager dans le sens que nous venons d'indiquer.

IV. — QUE PENSER DE LA LOI DU 2 AOUT 1918 ?

50. Nous n'oserions affirmer d'elle, comme on l'a fait, qu'elle est la « loi de salut public pour notre agriculture ». Quatre ans sont passés depuis sa promulgation ; il a fallu rabattre beaucoup des vastes espoirs qu'elle avait pu faire naître d'abord.

A quoi attribuer son échec partiel ? Nous croyons avoir prouvé par l'exemple d'autres pays, cités plus haut, que, en elles-mêmes, les ambitions de la loi n'étaient pas chimériques, et que de plus, dans les circonstances présentes, la formation de toute la jeunesse rurale était devenue une question nationale. Il est à regretter que les moyens proposés se soient révélés, comme il était à prévoir, insuffisants sur plusieurs points.

51. La loi fait une large place, nous l'avons vu, aux *cours temporaires* sous toutes les formes, pouvant se donner au village, mais de préférence au chef-lieu de canton : écoles d'hiver fixes ou ambulantes, cours saisonniers, conférences... Ce genre d'enseignement offre, aux adultes surtout, désireux de recevoir un complément de connaissances techniques, de grands avantages. Il exige malheureusement de lourds sacrifices budgétaires auxquels l'Etat ne peut suffire. Le nombre de ces institutions demeurera forcément restreint. Les fonds prélevés sur le pari mutuel sont affectés principalement à l'amélioration des Ecoles d'agriculture proprement dites ; ils ne sauraient donc aider suffisamment au fonctionnement de ces cours.

Ajoutons les difficultés, non moindres, du recrutement des auditeurs. Les masses rurales, même jeunes, ne se prêteront que lentement et péniblement à cette mobilisation nouvelle ; on ne les mettra pas en mouvement par de simples mesures administratives ; il y faudra surtout l'action directe et personnelle des dirigeants de syndicats ou d'associations agricoles en étroit et fréquent contact avec leurs adhérents. Et ceux-là ne préféreront-ils pas souvent, non sans raison, distribuer eux-mêmes à leur guise cet enseignement, dans la liberté et sans le concours financier de l'Etat ?

52. En matière d'*enseignement postscolaire*, la loi de 1918 apparaît d'une application plus difficile encore. Comment supposer que des cours d'une durée de quatre ans, dépourvus de professeurs compétents, nullement obligatoires, contrairement à ce qu'avait demandé M. Fernand David, puissent s'imposer à la bonne volonté des jeunes paysans? La loi, sans doute, a prévu la création de Commissions départementales, chargées de veiller, on l'a vu, au développement méthodique des cours postscolaires. Mais quelle sera son activité ? Composée en majeure partie de fonctionnaires étrangers à la région, on peut craindre qu'elle ne manifeste qu'un souci modéré pour une institution dont l'effet le plus immédiat sera de grever la caisse départementale.

Rien d'ailleurs, ou à peu près rien, n'a encore été résolu pour la formation des maîtres appelés à donner cet enseignement. Or, tant que l'enseignement de l'agriculture n'aura pas été rigoureusement réformé dans les Ecoles normales, tant que la mentalité de beaucoup de maîtres n'aura pas été elle-même modifiée, il n'y a pas à espérer que la loi puisse être non pas pleinement, mais même convenablement appliquée. A supposer que les instituteurs aient acquis, grâce à une information mieux comprise, la compétence appropriée, les plus dévoués d'entre eux hésiteront justement, après le travail consciencieux et pénible d'une journée de classe, à donner le soir des cours supplémentaires réguliers. S'ensuit-il que tout enseignement agricole de ce genre, méthodique et universel, reste impossible ? Non. Car la proposition de Monicault, ou toute réforme dans le même sens, permettrait précisément de faire donner à tous les élèves de l'école rurale, en plus d'une première culture générale harmonisée à la terre, les éléments pratiques de l'enseignement agricole. Peu à peu se fortifierait ainsi la mentalité paysanne; peu à peu se répandraient les notions techniques fondamentales, s'accroîtrait le désir d'une formation plus poussée. Et bien vite, en plus et en dehors des institutions de l'Etat, d'innombrables initiatives privées ou collectives (syndicats, associations agricoles diverses) mettraient à la portée de tous, *économiquement,* les moyens de formation les plus pratiques.

Car, il ne faut pas oublier que, ni en droit, ni en fait, la solution de cet angoissant problème d'un enseignement agricole généralisé ne saurait dépendre uniquement de l'Etat. Son budget obéré est, d'ailleurs, bien incapable d'en porter les charges matérielles. Il ne suffit pas que l'Etat reconnaisse la légalité des écoles et institutions privées et en admette la concurrence; il faut, s'il veut aboutir, qu'il en fasse ses collaboratrices avouées et qu'il les aide à lui rendre service.

On l'a bien admis pour l'enseignement professionnel du Commerce et de l'Industrie. Lorsqu'il s'est agi d'appliquer la loi Astier, le sous-secrétaire d'Etat à l'enseignement technique a été obligé de reconnaître (Chambre 19 février 1921) que l'Etat était incapable d'organiser cet enseignement sans le concours des initiatives privées et notamment des Chambre de commerce et de métiers. Qu'on fasse de même pour l'agriculture. De simples subventions accordées à des syndicats, unions de syndicats et autres associations agricoles, un franc et libéral appel aux initiatives locales, feraient éclore en maints endroits de petits centres d'enseignement, qui se multiplieraient avec les encouragements et l'appui matériel de l'Etat.

Subventions et liberté discrètement contrôlée, voilà la vraie voie pour aboutir. Sans quoi, l'on piétinera sur place et à grands frais.

53. La loi du 2 août 1918 n'a pas osé — en quoi elle a fait preuve de sagesse pratique — énoncer le principe de l'enseignement agricole obligatoire pour tous les jeunes ruraux après l'école primaire. En outre, elle a laissé totalement en dehors de ses dispositions l'enseignement libre ; il est pour elle comme inexistant. Par contre, un an après, la loi Astier sur l'enseignement technique imposait, avec les ménagements et les temporisations indispensables, cet enseignement à tous les jeunes gens et jeunes filles de moins de 18 ans, employés dans le commerce et l'industrie : elle le pouvait, les conditions, les besoins étant tout autres que dans l'agriculture. Mais en outre elle reconnaissait explicitement dans ses dispositions l'enseignement privé et prévoyait des subventions pour son fonctionnement. Et voilà précisément ce qui est étrange : là où le recours aux initiatives privées est le plus indispensable, là où seules elles peuvent permettre, dans l'impuissance évidente d'une obligation légale, de réaliser peu à peu l'universalité en fait de l'enseignement, là où des subventions sagement réglées sont le plus nécessaires à la fois et le plus économiques, c'est là précisément, à savoir, en matière de formation technique du jeune rural, que la loi ignore délibérément l'enseignement privé.

C. — Enseignement agricole privé.

54. On aurait une idée très inexacte de l'enseignement agricole en France, si l'on s'arrêtait à celui qui est donné dans les écoles et par les professeurs de l'Etat [1]. A côté de cet enseignement officiel et rivalisant avec lui, tant au point de vue du nombre des élèves qu'au point de vue de la formation reçue, il existe en France, répandu dans tout le pays, un enseignement agricole libre, entièrement indépendant de l'Etat et qui a été créé de toutes pièces, souvent malgré de grandes difficultés matérielles et au prix de généreux et persévérants dévouements.

Bien *avant la loi de 1884*, autorisant les syndicats professionnels, l'enseignement agricole libre avait jeté des racines en divers endroits du pays [2].

En 1847 et en 1868, la Société d'Agriculture de Compiègne, puis la Société des Agriculteurs de France interviennent auprès des établissements privés pour leur faire adopter des cours d'agriculture ; en même temps, ces Sociétés récompensaient dans plusieurs départements les instituteurs qui, en dehors de leurs heures de classes, consentaient à enseigner l'agriculture. Les plus empressés à répondre à cet appel furent les Frères des

1. Pour l'histoire de l'enseignement agricole libre en France jusqu'en 1900, il faut consulter le *Rapport* très complet présenté par M. Blanchemain, à l'occasion de la grande exposition de 1900.

2. Tout en rendant un légitime hommage aux efforts de l'Etat pour développer l'enseignement agricole en France, il est permis de s'étonner que le dernier rapport présenté à la Chambre par M. Queuille, sur le budget de l'agriculture pour 1923, passe totalement sous silence les réalisations de l'enseignement privé. Quoi qu'ait dit le rapporteur pour s'en excuser, ce n'aurait pas été sortir du cadre de ce rapport que de reconnaître les très grands services rendus par les initiatives libres.

Ecoles chrétiennes et les Maristes. Avec un succès croissant ils dotèrent beaucoup de leurs écoles de chaires d'agriculture, notamment les pensionnats de Béziers, Bordeaux, La Roche-sur-Yon, Le Puy, Dijon, Saint-Omer, Reims, Longuyon, Mesnières-en-Bray. L'admirable Institut de Beauvais prenait modestement naissance en 1854, en attendant l'heure où les facultés catholiques de Lille, Lyon et Angers ouvriraient des cours supérieurs d'agriculture. — Un peu partout aussi se fondèrent des écoles spéciales d'agriculture et d'horticulture : Ploërmel, Ogny, Vaujours, Clermont, Quimper, Laurac, Les Choisinets, Limoux, Cahors, Saint-Génin, Beaucamps, Saint-Paul, Les Andelys, Aubenas...

55. *Après la loi de 1884*, la poussée fut encore plus marquée. La Société des Agriculteurs de France fit appel aux groupements régionaux pour encourager l'enseignement de l'agriculture. En 1901, à la veille de l'expulsion des congrégations religieuses, qui porta un coup très rude aux œuvres d'éducation florissantes alors, l'Union des syndicats agricoles et les écoles catholiques de Bretagne, de Normandie, du Nord, de l'Ouest, du Centre, du Sud-Ouest, du Midi, des Alpes et de Provence, de Franche-Comté et de l'Est, pouvaient présenter 134 écoles libres, ayant obtenu 1.301 certificats agricoles aux concours-examens des syndicats, et 234 diplômes du second degré. La même année, 62 écoles de filles obtenaient 344 certificats d'études agricoles.

Il conviendrait d'ajouter à cette liste les nombreux orphelinats agricoles dus à la charité privée, et des écoles plus spéciales telles que : l'école de maréchalerie de Paris, les cours d'horticulture du jardin du Luxembourg et de Saint-Mandé.

Beaucoup de ces écoles, grâce à d'admirables dévouements, subsistent encore à l'heure actuelle ; d'autres, d'un type nouveau, se sont créées, tandis qu'un peu partout, par des semaines rurales très suivies, par des cours par corrrspondance, par les cercles d'études, l'effort privé s'ingénie à poursuivre l'éducation des masses rurales. Nous verrons cela en détail dans la 2e partie, en parlant des réalisations.

I. — SITUATION LÉGALE

56. Le législateur du 2 août 1918 n'ignorait pas évidemment l'existence et les succès de l'enseignement agricole libre ; cependant, nous l'avons dit, il n'y a été fait allusion en aucune des dispositions de la loi, pas même lorsqu'il a été question d'instituer les cours postscolaires. En pareille matière, notamment, il eût paru naturel que l'Etat cherchât appui sur ce qui existait déjà. De cette prétérition, on est en droit de conclure à la complète indépendance de l'enseignement agricole privé. Après comme avant la loi de 1918, les bonnes volontés

1. Voir également plus haut p. 21.

soucieuses de défendre les intérêts de la terre française conservent — à cela près qu'elles devront tout faire par elles-mêmes — une liberté d'action que ne gêne encore aucune restriction légale.

57. Est-ce à dire que cet enseignement ne puisse profiter de la législation nouvelle ? Nous avons signalé les centres d'apprentissage agricole, viticole et de mécanique agricole pour la formation de bons ouvriers ; dans quelques cas les cours post-scolaires seraient également à utiliser. Rappelons surtout que la loi du 12 mars 1920, qui autorise les syndicats à créer et soutenir des œuvres d'éducation agricole, des cours intéressant leur profession avec tous les droits que leur confèrent leurs nouvelles capacités juridiques, se trouve être à l'heure actuelle la plate-forme la plus solide pour toutes les œuvres populaires d'éducation agricole. Le temps n'a pas encore permis d'exploiter à fond toutes les possibilités ouvertes par la loi : écoles syndicales ou régionales pour les Unions de Syndicats, cours oraux ou par correspondance, bibliothèques agricoles, campagnes en faveur de l'ènseignement de l'agriculture, etc... Mais déjà de notables progrès peuvent être enregistrés.

II. — SON ORGANISATION

58. Liberté n'est pas synonyme de spontanéité désordonnée ; ceux qui furent à la tête du mouvement des œuvres agricoles en France, comprirent qu'il fallait à l'enseignement libre de l'agriculture un plan et une direction. La Société des Agriculteurs de France, secondée en cela par la puissante Union centrale des Syndicats agricoles et ses Unions régionales, assuma ce rôle.

1. Promoteurs du développement.

La Société des Agriculteurs de France. — On sait quelle très heureuse influence cette puissante association, qui compte actuellement plus de 11.000 membres, a exercée par ses études techniques et ses directives, sur le développement de l'agriculture française et son organisation professionnelle. Elle a fondé à son siège central de la rue d'Athènes une section de l'Enseignement. Un grand nombre d'écoles libres, comme nous le dirons en parlant des réalisations, bénéficient de son patronage, qui n'est pas seulement un simple titre honorifique, puisque, en bien des cas, c'est elle qui intervient pour nommer les jurys d'examens, décerner les récompenses, élaborer les programmes d'études.

L'Union centrale des Syndicats agricoles, distincte de la Société des Agriculteurs, mais qui lui doit sa naissance et qui est installée tout à côté d'elle (8, rue d'Athènes), y fait donner des cours sociaux supérieurs, pour exposer aux étudiants de l'Institut national agronomique et des Facultés la doctrine d'organisation professionnelle de l'agriculture. Des cours analogues sont donnés également par les dirigeants de l'Union centrale, à l'Institut de Beauvais et à celui d'Angers.

Les *Unions régionales de syndicats* et les *Syndicats locaux* adhérant à l'Union centrale, étendent cet enseignement en l'adaptant aux besoins locaux et en les mettant à la portée de tous. Ils ont recouru, du reste, avec un esprit nettement social, à de multiples moyens de propagande : conférences, tracts, brochures, journaux et bulletins, bibliothèques, semaines et journées rurales, cercles d'études, primes aux maîtres, récompenses aux élèves, subventions aux écoles, etc. Sur ce terrain, les efforts de l'Union du Sud-Est et de l'Union du Plateau central ont été remarquables. « Ingénieurs sociaux » et techniciens du génie rural ont été en plus appointés par elles afin que, tout en développant et contrôlant les organisations syndicales et mutualistes, ils fassent également l'éducation technique de leurs adhérents.

D'autres syndicats ou Unions de syndicats, distincts de l'Union centrale, seraient encore à citer, ainsi que des Sociétés d'agriculture départementales, pour leurs initiatives et encouragements à l'enseignement agricole. C'est ainsi par exemple que l'important *Syndicat central des Agriculteurs de France* a fondé à son siège social, 42, rue du Louvre, Paris (1er), un Foyer rural qui, depuis 1918, donne l'hiver des cours d'enseignement pratique agricole fort bien conçus.

Nommons enfin, quoique ne rentrant pas dans le cadre des Associations agricoles, les *Secrétariats sociaux* et l'*Association catholique de la jeunesse française*. Ces institutions ont été des auxiliaires précieux : par leurs campagnes, leurs almanachs, leurs brochures, par leurs conseils et surtout par les nombreux cercles d'études qu'ils ont fondés ou dirigés, ils se sont faits d'actifs propagandistes du progrès de la science agricole.

Riche variété de cet enseignement.

59. Beaucoup moins « administratif » que l'enseignement officiel, moins bridé dans sa marche et son évolution, l'enseignement libre de l'agriculture s'est adapté, le plus souvent avec bonheur, aux conditions locales et aux besoins des classes rurales qu'il voulait servir. Extrême souplesse de formes d'abord : enseignement supérieur rattaché à des Facultés catholiques, sections agricoles dans les collèges secondaires, écoles d'agriculture, cours théoriques et pratiques, enseignement par correspondance, conférences, etc... En outre souci d'être vraiment « régional », c'est-à-dire d'avoir dans chaque région géographique ce cachet particulier qui fait que l'enseignement des Institutions libres du Nord ne ressemble pas à celui de la contrée lyonnaise.

Plusieurs ont regretté cette diversité comme un gaspillage de forces. Ne serait-il pas souhaitable en effet que certaines méthodes éprouvées fussent mieux connues? Mais il ne faut pas oublier aussi qu'une telle exubérance témoigne d'une vitalité puissante.

60. Dans l'agriculture, moins encore qu'en beaucoup d'autres professions, le programme d'enseignement ne saurait être uniforme. Les quatre Ecoles supérieures libres d'Angers, Beauvais, Purpan et la Félicité se sont récemment fédérées afin de mieux se concerter pour des directives communes. Notons que dans ces Ecoles, comme à plus forte raison dans celles qui ont un programme plus modeste, la combinaison de l'enseignement théorique et pratique a prévalu. Leur but n'est pas d'obtenir des savants ou des fonctionnaires, mais de former avant tout des praticiens éclairés, capables plus tard de donner autour d'eux à la culture de leur pays une vigoureuse impulsion. Sans toujours mettre la main directement à la culture, comme c'est le cas à Angers, les élèves sont astreints à l'observation personnelle des divers travaux de l'exploitation et grand compte est tenu aux examens de l'expérience professionnelle acquise. Dans les collèges, nombreux surtout dans la région du Nord, qui ont adopté une section agricole, l'initiation pratique se trouve plus difficile à réaliser, mais moins nécessaire aussi, puisque beaucoup de ces enfants, fils de cultivateurs aisés, compléteront leur instruction professionnelle à la ferme paternelle. Pour les collèges du Nord et du Pas-de-Calais, un programme unique a pu être réalisé, grâce à une commission composée de délégués de la Société des Agriculteurs de France.

L'école primaire a trouvé également ses organisateurs. Tous ceux qui veulent sincèrement la restauration de nos campagnes savent qu'ils doivent porter là leurs efforts, afin d'orienter très tôt le fils du paysan vers le métier de son père. L'Union des Syndicats du Sud-Est s'est spécialement consacrée à cette tâche.

61. Pour clore ce rapide aperçu, nous ne croyons pouvoir mieux faire que de reproduire ce passage du *J. O.* du 10 novembre 1917, dans lequel l'Académie des Sciences rendait compte du rapport de M. Georges Lemoine, membre de l'Institut, sur la situation de l'enseignement agricole libre à cette date.

« On voit qu'aujourd'hui l'enseignement agricole libre a fait ses preuves.
« Malgré toutes sortes de difficultés, il a produit de très grands résultats.
« Il est plus que jamais désirable de le laisser se développer sous toutes ses
« formes. Il réalise pour l'Etat, au milieu de formidables difficultés finan-
« cières, une économie très sérieuse, car il peut vivre sans aucune subven-
« tion, surtout à cause des exploitations agricoles rémunératrices jointes aux
« diverses écoles. Il mérite de n'être pas ignoré. Au lendemain de la guerre,
« la France aura besoin d'utiliser les forces vives de tous ses enfants ; l'agri-
« culture doit être chez nous une base essentielle des renaissances sociales
« et nationales. »

DEUXIÈME SECTION

LES RÉALISATIONS

62. L'étude de la législation a permis d'entrevoir l'architecture d'ensemble de notre enseignement agricole, avec ses étages superposés ; en bas, substruction puissante s'appuyant sur tout le pays : les cours primaires et postscolaires ; à mi-hauteur, l'enseignement moyen, beaucoup plus restreint de proportions, réservé déjà à une certaine élite ; en haut, l'enseignement supérieur pour les futurs dirigeants de l'agriculture.

Tout cela pourrait n'être qu'un beau projet : il reste à voir, en détail, comment est garni, en réalité, ce cadre théorique. Si nous voulions être complets, ici, c'est un annuaire tout à fait à point qu'il nous faudrait entreprendre des établissements d'enseignement agricole tant publics que privés. Besogne moins commode qu'il peut ne paraître à première vue. Plus d'un parmi les établissements privés particulièrement aura sans doute échappé à notre enquête. Nous insisterons, en tout cas, sur les écoles qui nous ont paru les plus représentatives de chaque groupe. Une énumération suivra chaque fois : l'ensemble permettrait de dresser par région une carte à peu près complète de l'enseignement agricole en France (au milieu de 1924).

A. — Enseignement public.

I. — ENSEIGNEMENT SUPÉRIEUR

Institut agronomique.

63. L'Institut agronomique occupe une place à part. Son caractère nettement scientifique assure à notre pays la formation d'une véritable élite agricole. « L'enseignement de l'Institut agronomique, a écrit son directeur, M. Wéry, est caractérisé par ce fait qu'il comprend l'étude des sciences appliquées à l'agriculture, précédant l'étude de l'agronomie proprement dite. »

Les bâtiments sont situés à Paris, rue Claude Bernard, n° 16 ; ils comprennent de grands amphithéâtres, des salles d'étude, une bibliothèque de 30.000 volumes, et des laboratoires variés de chimie, physique, microbiologie, œnologie, où les élèves sont admis à faire des manipulations. Le domaine du Chenil-Maintenon, situé à Noisy-le-Roi, d'une superficie de 281 hectares, permet l'initiation à toutes les opérations culturales d'une grande exploitation. Un champ de 6 hectares est réservé aux expériences.

Régime et admission [1].

64. Le régime de l'Institut est l'externat. L'Institut agronomique reçoit des élèves réguliers et des auditeurs libres. Les élèves réguliers ne sont admis qu'après un concours pour lequel élèves diplômés des Ecoles nationales d'agriculture et des Ecoles nationales vétérinaires bénéficient d'une majoration de points ainsi calculée : 8 pour 100 du total des points qui peuvent être atteints aux épreuves écrites, et 2 pour 100 du total des points à l'oral (art. 2, loi du 2 août 1918). Depuis l'arrêté du 6 juillet 1917, les femmes peuvent devenir aussi élèves régulières dans les mêmes conditions que les hommes, c'est-à-dire par voie de concours. Les auditeurs libres ne sont soumis à aucune condition d'âge et sont dispensés de tout examen d'admission ; ils suivent les cours à leur convenance, mais n'ont entrée ni aux salles d'études, ni aux laboratoires.

Les étrangers jouissent des mêmes conditions que les nationaux ; ils doivent, à leur entrée, présenter un certificat émanant de leur agent diplomatique en France et un récépissé de déclaration de résidence.

L'admission est acquise, pour tous les candidats — excepté pour les auditeurs libres — à la suite d'un concours auquel on n'est admis qu'à l'âge minimum de 17 ans.

L'examen écrit du concours suppose les connaissances du baccalauréat de mathématiques élémentaires avec compléments en sciences naturelles et comprend six compositions : 1° mathématiques (portant sur l'arithmétique, l'algèbre, la géométrie, la mécanique, le calcul logarithmique, la trigonométrie) ; 2° composition française ; 3° sciences naturelles ; 4° physique et chimie ; 5° épreuve de géométrie descriptive ; 6° croquis coté. Ces compositions peuvent se faire dans une des villes désignées d'avance, chaque année. Les épreuves orales sont subies, à Paris, dans le courant de juillet, et sont publiques. Elles portent sur les mêmes matières que les épreuves écrites, plus la géographie, les langues vivantes : anglais, allemand, espagnol ou arabe.

Programme.

65. L'enseignement est avant tout scientifique et se tient sur un niveau fort élevé.

Il comprend d'abord l'étude des sciences appliquées à l'agriculture : les sciences naturelles, avec des cours de physique végétale, de zoologie et de géologie appliquées à l'agriculture, de pathologie végétale et de microbio-

1. Les programmes d'admission aux grandes Ecoles d'agriculture ont été édités par la librairie Vuibert, Paris, 63, boulevard Saint-Germain.

logie ; — les sciences physiques et chimiques, avec conférences d'électricité, de météorologie, des cours de chimie agricole et organique avec application aux produits de l'industrie agricole ; — les sciences mathématiques, comprenant, en plus des cours de mathématiques proprement dites, des cours de mécanique et hydraulique agricoles, de dessin graphique et topographique ; — les sciences sociales avec l'étude de la législation rurale et du droit administratif, l'économie rurale, la comptabilité agricole et l'économie politique.

L'agronomie proprement dite fait l'objet des cours d'agriculture, de zootechnie, de machines agricoles et constructions rurales, de technologie agricole, d'économie forestière, de viticulture, de cultures coloniales, d'agriculture comparée, d'arboriculture et d'hippologie.

L'enseignement pratique a sa juste place : les fermes du Chenil-Maintenon, les champs d'expérience, de nombreuses excursions locales ou générales conduites par les professeurs eux-mêmes, permettent une initiation sérieuse. Les sections d'application, de création récente, ont accentué la tendance à unir théorie et pratique. Notons enfin qu'un stage est obligatoire pour tous les élèves, entre leurs deux années d'études ; ils doivent présenter, à la rentrée, un journal et un travail de vacances, sorte de monographie détaillée de l'exploitation où ils ont séjourné. Ce rapport reçoit une note qui entre pour un dixième dans le classement de sortie.

Sections d'application.

66. Conformément aux dispositions de l'art. 3 de la loi du 2 août 1918, les élèves diplômés de l'Institut agronomique peuvent compléter leur instruction professionnelle et se spécialiser dans des sections d'application fonctionnant soit à l'Institut lui-même, soit sur les domaines des Ecoles nationales, soit dans d'autres établissements ressortissant au ministère de l'Agriculture, soit encore dans les centres nationaux d'expérimentation, établis en vertu de l'art. 1er de la loi du 6 janv. 1919, tendant à l'intensification de la production agricole.

Ces sections sont créées par arrêté du ministre de l'Agriculture. Elles fonctionnent actuellement au nombre de quatre :

1° Section d'*enseignement agricole* pour la formation des professeurs d'Ecoles d'agriculture et des professeurs d'agriculture.

2° Section d'*agriculture* pour la formation des agriculteurs exploitants et des directeurs de grands domaines.

3° Section des *sciences physiques, chimiques et naturelles*, pour les spécialistes destinés à l'application de ces sciences en agriculture et dans l'industrie agricole.

4° Section de *mécanique agricole* préparant les techniciens de cette science pour l'agriculture et l'industrie agricole [1].

1. Ces diverses sections, encore peu suivies (en tout 43 élèves pour l'année 1920-1921 : 24 à la section d'enseignement agricole, 2 à la section d'agri-

Frais d'enseignement. — Les frais d'enseignement et d'examen ont été fixés, à partir d'octobre 1921, à 800 francs par an, payables par semestre et d'avance, plus 70 francs d'inscription. Les auditeurs libres n'ont pas de droits d'inscription, et pour eux la rétribution annuelle n'est que de 300 francs, mais ils n'ont pas accès aux travaux de laboratoire de l'Institut[1]. Des bourses peuvent être attribuées aux élèves de l'Institut. (Cf. art. 2 de la loi du 2 août 1918.)

67. Contrairement à ce que l'on dit parfois, les anciens élèves de l'Institut agronomique devenus exploitants sont plus nombreux que ceux devenus fonctionnaires : sur 2.227 élèves diplômés sortis jusqu'à 1922, 689 (31 %) se sont lancés dans l'exploitation directe, et 687 seulement ont occupé des postes officiels (eaux et forêts, enseignement agricole, stations agronomiques, laboratoires, haras, génie rural...). Depuis la guerre le nombre des élèves a augmenté assez sensiblement et se trouve être aux environs de 240. Les élèves diplômés ont droit exclusif au titre d'ingénieur agronome; celui d'ingénieur agricole est attribué aux diplômés des Ecoles nationales.

Ecoles nationales.

68. Il existe trois Ecoles nationales : Grignon, Montpellier, Rennes. Il faut y joindre, depuis 1923, l'Ecole nationale pour jeunes filles de Coëtlogon (Rennes).

M. Marc Doussaud, dans une assez récente intervention à la Chambre, reprochait à ces écoles de ne former qu'un nombre trop restreint de vrais agriculteurs. « D'après les statistiques, sur 1.100 élèves diplômés sortis de l'Ecole nationale de Rennes, 320 sont revenus à la terre. C'est peu, trop peu. Sur 100 élèves qui sortent de Saint-Cyr, 95 restent dans l'armée; 90 sur 100 des docteurs en médecine exercent leur métier[2]... » Lacune réelle, qu'il ne faudrait cependant pas exagérer, puisqu'à Grignon 10 %, et à Montpellier 6 % seulement des anciens élèves ont abandonné les professions agricoles.

Régime et admission.

69. L'admission des élèves réguliers (internes ou externes) se fait, comme pour l'Institut agronomique, par concours. Les

culture, 11 à celle des sciences physiques et chimiques, et 6 à la mécanique agricole), en sont à la période d'essai. Elles coûtent très cher au budget, et ne pourront donner les résultats qu'on est en droit d'en attendre qu'après de judicieuses modifications, notamment dans le fonctionnement de la section d'enseignement agricole. (Cf. Rapport Queuille, budget 1923.)

1. Ces chiffres peuvent n'avoir, bien entendu, les circonstances changeant, qu'une valeur d'indication.

2. *J. O.* Débats Chambre, 2ᵉ séance du 16 nov. 1922.

candidats doivent être âgés de 17 ans accomplis au 1er octobre de l'année du concours et il n'est jamais accordé de dispense.

Il est attribué aux élèves diplômés des Ecoles pratiques d'agriculture une majoration de points égale à 10 % du montant total maximum des points prévus au programme. Seuls les étrangers peuvent devenir externes libres (arrêté du 18 déc. 1920) ; leur admission se fait sans concours ni examen, mais sur production de titres scientifiques jugés suffisants, et par décision spéciale du ministre de l'Agriculture ; ils suivent toutes les leçons et, comme les élèves réguliers, participent à tous les travaux, applications et exercices pratiques. Le nombre des auditeurs libres est limité, et ils ne sont reçus que sur proposition du directeur et avec l'agrément du ministre.

Les épreuves écrites sont éliminatoires et comprennent six compositions : mathématiques (solution d'une question d'arithmétique et d'une question de géométrie ou de deux questions de géométrie) ; composition française ; mécanique ou algèbre (ou trigonométrie) ; physique et chimie ; sciences naturelles et croquis coté. Trois interrogations seulement sont posées à l'oral : mathématiques, physique et chimie, sciences naturelles.

Pension et bourses.

70. Les élèves peuvent être internes, demi-internes ou externes, sauf à Rennes, qui n'accepte que des externes et des auditeurs libres.

Le prix de pension est de 1.800 francs pour les internes ; de 900 francs pour les demi-internes ; de 600 francs pour les externes (en 1923).

Une somme de 15.000 francs est affectée par année d'études et dans chacune des Ecoles nationales d'agriculture à l'entretien d'élèves internes ou demi-internes. Les bourses sont attribuées dans les conditions fixées par l'art. 5 du décret du 23 juin 1920. Mais outre les bourses de l'Etat, l'Ecole peut recevoir des subventions des départements, des communes, des syndicats, sociétés, etc... En principe, elles ne valent que pour une année, mais sont maintenues aux élèves qui continuent à s'en rendre dignes par leurs progrès et leur conduite.

Durée des études et programme.

71. La durée des études est de deux années. L'enseignement est à la fois théorique et pratique, mais avec des variantes pour chaque école.

D'une manière générale il comprend : zoologie, botanique, minéralogie et zoologie agricoles, physique et météorologie, chimie générale et agricole, chimie biologique dans ses applications à l'agriculture ou l'élevage, agriculture, horticulture, arboriculture, viticulture, sylviculture, génie rural, zootechnie, entomologie, sériciculture, apiculture, pisciculture, technologie, économie et législation rurales, comptabilité agricole et hygiène. A ces cours et conférences s'ajoutent les travaux pratiques et applications effectués dans les laboratoires et sur les domaines de l'école.

Sections d'application.

72. Les Ecoles nationales ont été dotées de sections d'application en rapport avec leur spécialité.

— Grignon a reçu une section de cultures industrielles et des industries de transformation pour les produits agricoles de la région parisienne, qui fonctionne du 1er avril au 30 juin, soit 12 semaines.

— Montpellier, deux sections ; l'une de viticulture et d'œnologie, l'autre pour les cultures et industries méridionales ; la durée est d'un mois et demi et coïncide avec l'époque des vendanges.

— Rennes, une section des industries laitières, et une section de pomologie et de cidrerie, donnant aux élèves la connaissance de procédés spéciaux de fabrication ; ces sections fonctionnent du 15 octobre au 31 décembre, et se terminent par 2 semaines d'excursions en Normandie, Bretagne, Marne, Anjou et Poitou.

— Coëtlogon a tout naturellement un enseignement à caractère ménager prédominant.

Ces sections, comme celles de l'Institut agronomique, sont communes aux élèves diplômes des Ecoles nationales et à ceux de l'Institut agronomique ; les auditeurs libres peuvent également y être admis. Il est intéressant de remarquer que ces sections n'ont pas pour but d'amplifier des cours déjà professés, mais, avant tout, de donner un enseignement expérimental et tout à fait spécialisé ; c'est pourquoi, partout où existent ces sections, on s'efforce d'améliorer outillage et laboratoires.

Grignon (*Seine-et-Oise*).

73. Créée en 1827, Grignon est la plus ancienne de nos écoles d'agriculture [1] ; elle est aussi la plus importante et la plus renommée. Elle se trouve installée dans un ancien château Louis XIII, au milieu d'un vaste parc et pourvue d'un outillage et de laboratoires perfectionnés. L'exploitation s'étend sur un domaine de 295 hectares, dont 134 de terres, 16 de prairies et 145 de bois et jardins. La culture est celle des environs de Paris ; le troupeau de moutons y est particulièrement soigné. (300 ovins des races southdown, dishley et dishley-mérinos.)

Caractère et organisation. Grignon s'occupe surtout de donner la formation nécessaire pour la grande culture et ses industries annexes. Le cours de génie rural, notamment, fait une étude très poussée de l'aménagement des eaux, des irrigations, chemins et canaux, des moteurs et constructions rurales.

1. Avant la guerre, la majorité des candidats aux Ecoles nationales demandaient à être reçus à Grignon, d'où il arrivait ce fait étrange que des élèves de Seine-et-Oise se voyaient obligés d'aller à Rennes ou à Montpellier, leur rang de classement ne leur permettant pas de trouver place à Grignon. Une autre conséquence regrettable était le niveau sensiblement inférieur du recrutement de ces deux dernières Ecoles.

Comme à Montpellier et à Rennes, une grande place est laissée aux applications pratiques.

Les élèves apprennent, sous la direction d'un chef de pratique, à exécuter eux-mêmes les travaux : labours, hersages, semailles, etc. On les initie à la gestion d'une grande exploitation en leur confiant, à tour de rôle, et pour une semaine, la direction des différents services : culture, écurie, vacherie, bergerie, porcherie, basse-cour, magasins, jardins, dont ils ont à assurer la marche et à rendre compte. Tous les quinze jours, chefs de culture, chefs de pratique et élèves sont réunis, sous la présidence du directeur de l'Ecole, pour commenter les travaux de la quinzaine, achats et ventes d'animaux et des récoltes.

Le nombre des élèves s'est accru depuis la guerre et, grâce aux fonds provenant du Pari mutuel, les installations ont pu être améliorées : on a établi des appareils électriques de battage, nettoyage, triage des grains, sanatorium pour le bétail.

Montpellier (*Hérault*).

74. Installée à une époque où le phylloxera ravageait les contrées viticoles du Midi de la France, cette école a rendu de grands services. Aujourd'hui encore elle possède une collection de vignes remarquable : vignes européennes, cultivées pour la table et la cuve ; vignes américaines sauvages, utilisées comme porte-greffes ; vignes hybrides, obtenues en Amérique et en France ; vignes asiatiques, etc...

Des réductions des principaux vignobles français (Gironde, Bourgogne, Champagne) ont été plantées et un vignoble entier est réservé pour la culture à la manière méridionale. Enfin, comme autres particularités, une station séricicole et un poste météorologique, d'organisation encore insuffisante, permettent de donner chaque matin aux viticulteurs de la région les informations utiles.

Rennes (*Ille-et-Vilaine*).

75. L'Ecole demeura longtemps à Grandjouan, et ne fut transférée à Rennes qu'en 1895. Destinée à l'enseignement des procédés culturaux de la région de l'Ouest, elle s'attache particulièrement à l'étude de la production laitière et de ses industries dérivées, de la production de la pomme à cidre et de son utilisation dans la cidrerie, la confiturerie, etc...

Les cours sont complétés par des travaux d'application, des excursions, des visites aux foires et marchés des environs, aux concours, expositions. L'étude des prairies naturelles et des fourrages tient une place importante.

Depuis 1903, des stations de recherches scientifiques ont été annexées à plusieurs chaires de l'Ecole. Ces stations sont au nombre de cinq : recherches agronomiques et essais de semences (chaire d'agriculture); — pathologie et physiologie végétales (chaire de botanique); — chimie agricole (chaire de chimie); — recherches technologiques (chaire de technologie); — physiologie animale et entomologie agricole (chaire de zootechnie). Ayant manqué longtemps d'installations suffisantes, cette Ecole a vu son recrutement diminuer. Les améliorations en cours contribueront sans doute à lui rendre son importance.

Coëtlogon (*près Rennes*).

76. Nous avons dit plus haut (p. 25, nos 48 et 49) l'objet spécial de cette Ecole nationale dont le recrutement est exclusivement féminin.

A cette école est annexée : 1° la section normale supérieure pour la préparation des professeurs et directrices de l'enseignement féminin agricole et ménager; 2° une école agricole ménagère fixe, pour les filles d'agriculteurs. En outre, des cours temporaires d'enseignement ménager, essentiellement pratiques, et dont la durée varie suivant les spécialités et les saisons, sont ouverts aux femmes et aux jeunes filles [1].

Enseignements spéciaux.

77. A côté des écoles d'agriculture proprement dites, il existe un enseignement supérieur spécialisé et officiel, qui se donne dans différentes écoles nationales : Ecole d'horticulture de Versailles, Ecole des industries agricoles de Douai, Ecole forestière de Nancy, Ecole supérieure du génie rural, à Paris, Ecole des Haras, du Pin (Orne). L'enseignement vétérinaire se donne dans trois écoles : Alfort, Lyon et Toulouse. Nous ne retiendrons ici que les écoles ayant un rapport plus immédiat avec l'agriculture.

Ecole nationale d'horticulture de Versailles.

78. L'Ecole est établie dans le potager de Versailles, œuvre du jardinier de Louis XIV, la Quintinie. Les jardins comprennent une superficie de 17 hectares, dont 10 de potagers, divisés eux-mêmes en 16 jardins clos de murs. Les cultures y sont réparties en cinq catégories : cultures de primeurs, cultures fruitières,

1. Malgré la haute valeur de la formation reçue dans ces cinq établissements d'enseignement supérieur — et l'on pourrait en dire autant des établissements libres d'un ordre analogue qui seront présentés plus bas — les diplômés qui en sortent ne trouvent pas des plus aisément une situation, à moins d'avoir en mains les gros capitaux indispensables pour l'achat d'un domaine, ou, en cas d'affermage, pour l'achat du cheptel, des machines agricoles, les avances à la culture.

cultures ornementales de plein air, cultures ornementales de serre et cultures potagères.

L'école de Versailles forme des horticulteurs, des pépiniéristes, des chefs de jardins botaniques, des architectes et dessinateurs-paysagistes, des professeurs pour les chaires officielles d'horticulture, que l'on choisit au concours exclusivement parmi les anciens élèves diplômés.

Conditions d'admission. — L'admission se fait par voie de concours pour tous les candidats ; ceux-ci doivent être âgés d'au moins seize ans et ne pas dépasser vingt-six. Les formalités de demande sont les mêmes que pour les Ecoles nationales d'agriculture.

Le régime de l'Ecole est l'externat. Les élèves n'ont à verser aucune rétribution pour l'enseignement, qui est donné gratuitement ; ils peuvent même obtenir des subventions équivalentes à des bourses pour leurs frais de pension en ville.

Enseignement. — Les études sont plus longues que dans les Ecoles nationales d'agriculture ; elles durent trois ans. L'enseignement est à la fois théorique et pratique, c'est-à-dire qu'en dehors des cours, les élèves sont appliqués à tous les travaux de jardinage, devant fournir eux-mêmes la main-d'œuvre nécessaire aux cultures. Un roulement, comme à Grignon, permet aux élèves de passer successivement une semaine dans les différentes sections. Chacun doit ensuite remettre au directeur un rapport sur les travaux exécutés durant ce temps. Un laboratoire de recherches, d'assez riches collections et une bibliothèque bien fournie, aident les élèves dans leurs études.

Ecole nationale des industries agricoles de Douai.

79. Cette école a été créée en 1893, en même temps que se développait cette branche très importante de l'agriculture : les industries agricoles. Son but est d'assurer à ces industries des chefs de fabrication et des directeurs d'élite, connaissant à la fois la théorie et la pratique. A cet effet, en plus des laboratoires destinés aux recherches scientifiques, l'école possède une usine munie d'un outillage complet, où fonctionnent une brasserie, une distillerie et une sucrerie, établies d'après les données modernes.

En raison de son enseignement tout à fait spécialisé, cette école convient particulièrement aux fils d'agriculteurs des régions à grande culture, aux fils de brasseurs, de distillateurs, de fabricants de sucre, ainsi qu'à tous ceux qui se destinent à la production industrielle agricole.

Régime et conditions d'études. — Les élèves sont externes ; à la demande des parents, l'Ecole s'occupe de les placer dans des familles honorables, tout en continuant à garder sur eux un droit de surveillance qu'on ne trouve pas dans les établissements similaires.

Un examen d'entrée, comprenant des compositions de mathématiques et de sciences physiques et chimiques, est obligatoire pour les élèves réguliers.

Des auditeurs libres et des stagiaires de l'Institut agronomique, des Ecoles nationales d'agriculture et des contributions indirectes, mais en petit nombre, suivent aussi les cours.

La demande d'admission se fait sur papier timbré et avec les formalités indiquées plus haut. La rétribution scolaire annuelle est de 500 fr. (en 1923) payables au bureau des finances. L'enseignement dure deux ans et, pendant la seconde année, se fait surtout par des démonstrations à l'usine.

Ecole supérieure du Génie rural, à Paris.

80. Cette école, créée par décret du 26 décembre 1918 et du 5 août 1919 [1], est appelée, par suite de l'extension croissante des organisations agricoles, à une réelle importance. Son but est d'assurer le recrutement des ingénieurs du corps du génie rural, employés par l'Etat ou par les entreprises privées.

Les exigences de son recrutement, comparables à celles de l'Ecole forestière, montrent qu'elle ne vise qu'une élite. Ne sont admis que les élèves diplômés de l'Institut agronomique, n'ayant pas eu de notes inférieures à 14 pour les matières devant être enseignées. Quant aux élèves libres, ils sont admis par voie de concours : la possession d'une licence ès-sciences avec deux certificats de mathématiques ou de physique, ou d'un diplôme d'ingénieur agricole ou d'ingénieur agronome les dispense d'une partie de cet examen [2].

L'enseignement comprend la mécanique rationnelle et l'analyse, l'hydraulique, la topographie, les constructions, le droit rural et administratif; il est complété par des conférences de portée plus générale sur le remembrement, l'évaluation de la propriété, l'agronomie comparée. A la fin de la première année, les élèves qui ont obtenu au moins 70 % du total des points, peuvent être admis à l'Ecole supérieure d'électricité, tout en continuant d'appartenir à l'Ecole du Génie rural.

Enseignement donné dans les Universités.

81. Depuis que les Universités jouissent d'une certaine autonomie, quelques-unes, pour répondre aux besoins de l'agriculture moderne, ont élargi leur programme d'enseignement et créé des instituts agricoles. Les plus importants sont ceux de Nancy, Toulouse et Dijon [3].

1. Voir en outre l'arrêté ministériel du 15 sept. 1919 et du 21 sept. 1923.
2. Voir, *J. O.*, 20 nov. 1923, p. 10.855, le programme de cet examen d'entrée pour les *élèves libres*.
3. Voir encore : Faculté des sciences de Clermont : brevet de chimie agricole; pareillement à Poitiers et à Rennes; station agronomique de Besançon, etc.

Institut agricole de l'Université de Nancy.

82. Cet Institut, fondé en 1901, conduit à un diplôme d'études supérieures agronomiques, qui peut être obtenu après deux ans d'assistance aux cours. Aucun examen officiel n'est requis pour être admis aux cours de première année.

L'enseignement se divise en trois parties, avec matières facultatives et à option : 1° sciences appliquées à l'agriculture : botanique agricole, zoologie agricole et zootechnie, industries et chimie agricoles ; 2° un enseignement agronomique complémentaire à option, choisi parmi l'une des cinq sections suivantes : études d'agriculture pratique, études économiques, études laitières, études forestières ou études coloniales ; 3° un enseignement facultatif préparant à la profession d'ingénieur et portant particulièrement sur le génie rural, les améliorations agricoles et l'agriculture commerciale. Les étudiants qui ne suivent que la première partie peuvent obtenir le diplôme de licence ès-sciences agricoles ; ceux qui suivent la première partie et l'une des cinq sections de la seconde partie, la mention « agronome » ; ceux qui ont le titre d'agronome et suivent la troisième partie, la mention « ingénieur ».

Une *section d'études coloniales* a été rattachée à l'Institut agricole pour préparer des fonctionnaires, commerçants et industriels, à nos colonies. Signalons enfin que les étudiants de cet Institut ont la faculté de suivre gratuitement les cours de l'Ecole des Eaux et Forêts.

Institut agricole de l'Université de Toulouse.

83. Cet Institut diffère du précédent en ce qu'il vise moins à former des ingénieurs, que de futurs exploitants pour la région du Sud-Ouest.

L'enseignement y est exclusivement agricole et se complète par des travaux pratiques, fait au domaine de Monlong, dans la banlieue de Toulouse. Les études durent deux ans et permettent d'obtenir un diplôme d'études supérieures agricoles.

Institut œnologique de l'Université de Dijon.

84. Les cours qui s'y donnent sont adaptés aux cultures viticoles de la région bourguignonne : leur durée est de quatre mois, commençant le 15 novembre pour se terminer le 15 mars. Aucun diplôme n'est exigé pour suivre ces cours.

Le programme, dans ses grandes lignes, est le suivant : étude de la vinification (vins rouges, vins blancs, maturation et vieillissement des vins) ; traitement, amélioration et conservation des vins ; préparation des vins, vins en bouteille. Les travaux pratiques alternent avec les cours et conférences.

A la fin des études, les élèves peuvent recevoir le diplôme supérieur d'études œnologiques.

II. — ENSEIGNEMENT MOYEN

85. Cet enseignement destiné principalement aux anciens élèves des écoles primaires, des écoles primaires supérieures et même des collèges, constitue, en quelque sorte, l'enseignement secondaire de l'agriculture. Il comprend, comme on l'a vu plus haut, trois catégories : les écoles techniques, les écoles pratiques et les fermes-écoles.

1° Ecoles techniques.

86. Elles ont pour objet une ou plusieurs spécialités (laiterie, bergerie, osiériculture et vannerie, industries rurales) et visent à former des directeurs, des contremaîtres ou des ouvriers tout à fait qualifiés.

L'*Ecole nationale d'osiériculture et de vannerie de Fayl-Billot (Haute-Marne).*

C'est l'une des plus importantes par le nombre de ses élèves (35 à 45 élèves en moyenne). Elle s'occupe de la culture de l'osier, de la pratique de la vannerie et des branches qui s'y rattachent, l'horticulture et l'arboriculture.

Les matières enseignées sont : *a)* grosse vannerie, vannerie fine, vannerie de fantaisie et vannerie de luxe ; *b)* dessin d'imitation, dessin géométrique et dessin industriel ; *c)* culture de l'osier et commerce de la vannerie, agriculture, horticulture, physiologie végétale ; *d)* français, histoire, géographie, comptabilité, instruction civique, hygiène, physique et chimie. L'enseignement est à la fois théorique et pratique.

Régime. — Les élèves sont reçus après un examen d'entrée, écrit et oral, portant sur les connaissances primaires. Les études durent trois ans et commencent chaque année le 1er juillet pour se terminer le 30 avril de l'année suivante. Un contrat d'apprentissage est passé, au moment de l'entrée à l'école, entre les parents des élèves et la direction, mais les travaux de vannerie exécutés par les élèves, pendant le séjour à l'école, restent leur propriété. Le diplôme décerné en fin d'études est celui de maître-vannier de l'Ecole nationale d'osiériculture.

Les autres écoles techniques, existantes actuellement, sont :

L'*Ecole des Industries rurales* de Neuvic (Corrèze).

La *Bergerie nationale* de Rambouillet et l'*Ecole des bergers.*

Les *Ecoles de Laiterie* de Mamirolle (Doubs), de Poligny (Jura) et de Surgères (Charente-Inférieure).

Ces trois dernières écoles fonctionnent sous le régime des écoles pratiques d'agriculture. Pas d'internat. Les jeunes gens, pour la plupart fils de petits propriétaires ruraux ou de travailleurs agricoles, reçoivent bourse entière. Sur les sortants, les neuf dixièmes sont devenus directeurs ou employés de laiterie. Les études durent un an. Le nombre des élèves est de 25 en moyenne à Mamirolle, 10 à Poligny, 30 à Surgères.

La Bergerie de Rambouillet, qui était, jusqu'à 1922, un simple établissement (officiel) d'élevage de purs mérinos, est devenue à cette date Ecole nationale de bergerie. Elle vise à donner une instruction professionnelle aux bergers. On sait que depuis la guerre surtout leur nombre a très notablement diminué ; c'est une des causes de la baisse considérable du troupeau ovin français.

A côté des écoles techniques, il faut signaler aussi les *Fruitières-écoles*, subventionnées par l'Etat, et dont le but est d'enseigner gratuitement à des jeunes gens, âgés d'au moins 16 ans, la fabrication des fromages et du beurre. Les fruitières-écoles principales sont celles de Bourg-Saint-Maurice (Savoie) et de Maillat (Ain).

2° Ecoles pratiques.

87. La loi de 1918, on l'a vu, leur attribue désormais le nom plus général d' « Ecoles d'agriculture ». Elles sont chargées de donner l'enseignement agricole moyen. Malgré certaines critiques dont elles ont été l'objet [1] (très gros frais, enseignement scientifique trop théorique, culture insuffisante de la vocation paysanne), leur suppression serait à regretter, car elles répondent à des besoins définis que des cours saisonniers ou postscolaires, même multipliés, ne sauraient satisfaire. Néanmoins elles coûtent cher et peuvent être avantageusement remplacées, dans bien des cas, par les écoles saisonnières et écoles d'hiver, à qui les parents confieront volontiers, pour quelques mois, leurs enfants.

Leur recrutement s'opère, plutôt difficilement, parmi la catégorie très intéressante des fils de petits cultivateurs, qui constituent la majorité des exploitants du sol et l'une des plus grandes forces du pays. Voici la liste de ces écoles (31 en 1924) [2] :

1. Voir *J. O.*, Chambre, 1re séance du 17 nov. 1922.
2. On peut ajouter encore : Ecole municipale et départementale d'horticulture, St-Mandé (Seine) ; Cours d'apiculture au Luxembourg (Paris, VIe) ; Ecole d'outilleurs agricoles, Gourdan-Polignan (Hte-Garonne).

Aisne...........	Crézancy.	Indre............	Clion.
Alpes-Maritimes.	Antibes.	Loiret...........	Le Chesnoy (par Montargis).
Ardennes........	Rethel.	Marne (Haute-)..	Saint-Bon (par Blaise).
Bouches-du-Rh..	Valabre (par Gardanne).	Meurthe-et-Mos..	Tomblaine (près de Nancy).
Cantal...........	Aurillac.	Nord............	Wagnonville.
Charente........	Oisellerie (par La Couronne).	Pas-de-Calais....	Arras.
Charente-Infér...	Saintes.	Rhône...........	Ecully.
Constantine.....	Philippeville.	Saône-et-Loire...	Fontaines.
Corse...........	Ajaccio.	Savoie (Haute-)..	Condamine-sur-Arve.
Côte-d'Or.......	Beaune.	Somme..........	Paraclet (par Boves).
Côte-d'Or.......	Châtillon-sur-S.	Var..............	Hyères.
Côtes-du-Nord...	Plouguernevel.	Vendée..........	Petré (par Saint-Gemmes-la-Plaine).
Creuse..........	Genouillac.	Yonne...........	La Brosse (par Venoy).
Eure............	Le Neubourg.		
Garonne (Haute-).	Ondes.		
Gers.............	Beaulieu (p. Auch).		
Gironde.........	Blanquefort.		
Gironde.........	La Réole.		
Ille-et-Vilaine....	Trois-Croix (Rennes).		

Une douzaine d'écoles de ce type avaient dû être fermées dès avant la guerre, par suite de leur recrutement insuffisant et des frais trop lourds qu'elles imposaient à l'Etat. De celles qui restent, ou qui, fermées pendant la guerre, ont été rouvertes depuis, environ quatre cents jeunes diplômés sortent chaque année, dont 70 % environ restent cultivateurs exploitants. La durée des études est de deux ans dans 21 de ces écoles, de deux ans et demi dans 4 et de trois ans dans les 6 autres. Des écoles d'hiver sont adjointes à quelques-unes.

Régime et admission. — Ces écoles sont organisées comme des collèges, avec salles d'études, dortoirs, réfectoires et surveillance ; mais une partie de la journée se passe aux champs ou dans les divers services de la ferme. Les élèves sont admis comme internes ou externes, et quelquefois comme auditeurs libres ; dans ce cas, ils sont dispensés des examens.

L'âge d'admission va de quatorze à dix-huit ans. Les candidats pourvus du certificat d'études primaires sont admis sans passer d'examen ; les autres ont à subir des interrogations sur les matières élémentaires.

Les pièces suivantes, adressées au directeur de l'école ou au préfet, sont requises pour l'admission : 1° demande des parents (sur papier timbré) ; 2° extrait de l'acte de naissance (sur papier libre) ; 3° certificat de vaccination ; 4° certificat de bonne conduite, délivré par le chef du dernier établissement dans lequel a étudié l'enfant ou, à son défaut, par le maire de sa dernière résidence.

88. *Prix de pension et bourses.* — L'arrêté du 8 octobre 1920 a porté le prix de pension de 900 à 1.100 francs; ce chiffre se trouve majoré de 100 francs pour les établissements situés dans les régions dévastées : Rethel, Crézancy, Tomblaine, Wagnonville, le Paraclet. (Pour ces chiffres, même observation que plus haut.)

Chaque année des bourses assez nombreuses sont mises au concours, et ne peuvent être obtenues, même pour les élèves munis du certificat d'études primaires ou d'un autre diplôme, qu'après examen. Les familles désirant l'obtention d'une bourse ou fraction de bourse doivent joindre les pièces suivantes au dossier de demande d'admission ci-dessus indiqué : 1° une demande de bourse ; 2° un extrait du rôle des contributions ; 3° une délibération du conseil municipal de la commune constatant l'état des ressources et des charges de la famille.

89. *Enseignement.* On l'a voulu autant pratique que théorique. Les élèves sont initiés à tous les travaux de la ferme, variables selon la nature de l'exploitation rattachée à l'école.

L'enseignement théorique comprend, dans ses grandes lignes : l'agriculture (agriculture générale et spéciale), la viticulture, le génie rural, la zootechnie, l'économie rurale et la législation rurale, la physique et la météorologie agricoles, la chimie (chimie générale, organique et agricole), la technologie agricole (laiterie, fromagerie, fabrication du vin), les sciences naturelles (zootechnie, botanique, géologie et minéralogie), la zoologie appliquée (entomologie agricole, apiculture, pisciculture, aviculture), l'horticulture et l'arboriculture, la langue française, l'arithmétique, la géométrie (levée de plans, arpentage, nivellement et dessin), la comptabilité agricole, l'instruction morale et civique.

Comme on le voit, la formation générale garde une place dans ces écoles qui, s'adressant ordinairement à des enfants encore jeunes (13 à 16 ans), ne peuvent pas négliger une partie aussi importante de l'instruction. Cependant, c'est avec raison qu'on a reproché à ce programme scientifique de s'être encombré de notions bien inutiles aux futurs agriculteurs assez modestes qu'on entend former, et, par contre, de n'être pas suffisamment technique et utilitaire. Même erreur que dans l'enseignement primaire supérieur non agricole.

Le personnel enseignant comprend, en général : un directeur, deux professeurs choisis parmi les élèves diplômés de l'Institut national agronomique ou des Ecoles nationales d'agriculture, un professeur adjoint chargé de cours, un vétérinaire, un chef de pratique agricole, un chef de pratique horticole, un ouvrier chef et un ou deux surveillants répétiteurs. Il est malheureusement arrivé trop souvent que des écoles pratiques manquaient de ce cadre idéal ou possédaient des professeurs dépourvus des capacités requises ou d'une expérience suffisante. Inutile d'insister en outre sur les lacunes inévitables — dans l'état de la législation présente — de la formation morale et de l'instruction religieuse.

Rappelons qu'à ces écoles d'agriculture sont parfois annexées une ou plusieurs écoles de spécialités, des cours saisonniers ou des cours temporaires à courte durée (cinq jours, huit jours, quinze jours), tels que cours de taille des arbres fruitiers, cours de greffage, etc.

Ecole de Cibeins, à Mizérieux (Ain).

90. Il faut citer, comme se rapprochant beaucoup des écoles pratiques, l'école de Cibeins, fondée et subventionnée par la ville de Lyon. Cette école est établie sur un domaine de 186 hectares et destinée spécialement aux jeunes citadins lyonnais, désireux de retourner à la terre ; elle reçoit aussi, et par ordre de préférence, des enfants nés : 1° dans le département du Rhône ; 2° dans d'autres parties de la France. Il ne paraît pas que le but premier : ramener à la terre de jeunes citadins, ait été atteint comme on l'espérait.

Le régime normal est l'externat. Les places s'obtiennent au concours ; les candidats doivent être âgés de douze ans révolus au moins et de quatorze ans au plus. Les demandes sont adressées au maire de Lyon avant le 15 juillet, et le concours a lieu dans la mairie de cette ville dans la seconde quinzaine de juillet. Le programme est celui du certificat d'études primaires : à l'écrit, une composition française, une dictée d'environ une page, deux problèmes d'arithmétique, et un examen oral.

Des bourses ou fractions de bourses peuvent être obtenues par les candidats habitant Lyon depuis cinq ans. Les autres candidats peuvent également recevoir des bourses ou fractions de bourses, mais allouées par l'Etat, les départements, les collectivités ou les particuliers.

3° Fermes-écoles.

91. Cette institution n'a point donné ce qu'on attendait d'elle ; elle se transforme ou disparaît. Elle était primitivement destinée à former de bons ouvriers agricoles et des contremaîtres, par un apprentissage largement entendu, mais avant tout pratique, appliqué. En fait elle est devenue, en plus d'un endroit, l'équivalent d'une école d'agriculture, ou bien a cédé la place au centre d'apprentissage agricole, mieux à même qu'elle de remplir son programme primitif. Son recrutement a toujours été pénible, les frais de fonctionnement plutôt élevés, la gestion inégalement heureuse. En 1922, cinq avaient déjà été supprimées ; deux étaient près de l'être.

En 1924, trois seulement restaient ouvertes : Royat, par Saverdun (Ariège) ; Montlouis, par Saint-Julien d'Ars (Vienne) ; Argentolles, par Pont-Sainte-Marie, près Troyes (Aube).

L'âge d'admission est de seize ans et au-dessus. La pension est gratuite.

III. — ENSEIGNEMENT POPULAIRE ET PRIMAIRE

92. Il se donne sous différentes formes : écoles d'hiver, écoles ambulantes, cours postscolaires. En réalité, son importance a été très restreinte jusqu'ici, parce que l'Etat, faute de personnel autant que de ressources, s'est vu contraint d'en limiter l'extension.

1° Ecoles d'hiver fixes.

93. On s'est préoccupé de les développer, surtout depuis la guerre. Municipalités, proviseurs de lycées ou principaux de collèges, hommes politiques, dirigeants d'organisations agricoles ont, en beaucoup d'endroits, pris l'initiative de leur création. Le parlement y paraît très favorable [1]. Elles coûtent incomparablement moins cher que les écoles d'agriculture et permettent de s'adresser à un auditoire plus nombreux et presque toujours mieux préparé à profiter de leurs leçons [2]. En fait, elles sont la plupart du temps annexées à un lycée, collège ou école primaire supérieure. Ces écoles sont dirigées par le directeur des services agricoles du département, sous la dépendance du ministère de l'Agriculture, à qui il revient de fixer les subsides et d'approuver les programmes. C'est dire qu'il faut toujours compter avec le bon vouloir administratif.

Admission.

94. Pour être admis aux écoles d'hiver, il faut être fils d'agriculteur exploitant, ou avoir déjà deux ans de pratique agricole, et être âgé d'au moins quinze ans ; un certificat fourni par le maire de la commune doit en justifier.

Les candidats qui n'ont pas leur certificat d'études primaires sont tenus à un examen d'admission, qui se passe devant le Comité de surveillance et de perfectionnement et porte sur les notions primaires élémentaires. Cette dernière exigence peut, dans certains cas, devenir gênante : en forçant des jeunes gens de seize et quelquefois vingt-cinq et vingt-six ans, désireux de compléter leur pratique par des connaissances plus scientifiques, à subir un examen, avec risque d'échouer, il est arrivé que des candidats, très dignes de suivre ces cours, aient été écartés.

1. Voir, par ex., *J. O.*, Chambre, séance du 17 nov. 1922, et rapport Queuille, sur le budget de l'agriculture, 1923.
2. Les frais d'instruction d'un élève reviennent, pour la seule part de l'Etat, à 10.000 francs dans les écoles pratiques d'agriculture ; à 1.000 francs seulement dans les écoles d'hiver. Voir ce même rapport Queuille.

En règle générale, les cours durent quatre mois, de novembre à mars. Pendant ce temps, les élèves sont libres de choisir le régime qui s'adapte le mieux à leur situation particulière : externat, internat ou demi-internat ; dans les deux derniers cas, les pensionnaires ou demi-pensionnaires doivent accepter les conditions ordinaires de l'établissement qui les reçoit.

Des demandes de bourses peuvent être faites. Les formalités à remplir sont les mêmes que celles qui ont été indiquées plus haut, à propos des écoles d'agriculture ; il faut seulement y ajouter le certificat de pratique agricole délivré par le maire.

Enseignement.

95. Le programme des cours doit s'adapter aux spécialités culturales de la région ; il est rédigé après accord entre le comité de surveillance et de perfectionnement et ceux qui ont demandé la création de l'école.

Le personnel enseignant comprend ordinairement : un professeur chargé de la direction et de l'enseignement de l'agriculture (avec notions sur les machines agricoles, l'économie et la législation rurales, les industries agricoles de la région) ; un professeur de sciences physiques, chimiques et naturelles, appliquées à l'agriculture ; un médecin-vétérinaire pour les soins à donner aux animaux de la ferme, l'hygiène, etc... ; un maître-jardinier pour l'arboriculture et la culture potagère ; un professeur ou un instituteur pour le français, les notions d'arpentage et de nivellement ; enfin un ou plusieurs spécialistes de travaux manuels (fer, bois, cuir, vannerie), chargés également des cours de pratique, de montage, réglage et mise en marche des machines agricoles.

Les élèves de l'école sont soumis, pendant le cours de leurs études, à des interrogations, à des examens. Ils ont, en outre, à subir à la fin de leurs études un examen général de sortie qui a lieu devant le Comité de surveillance et de perfectionnement. D'après cet examen, on établit le classement définitif, qui détermine l'ordre suivant lequel les élèves reçoivent le diplôme des écoles d'agriculture d'hiver ou saisonnière, délivré par le directeur technique de l'école et contresigné par l'inspecteur général de l'agriculture de la région.

96. En 1924, les écoles d'hiver fixes étaient au nombre de 35 :

Ain : Nantua (Collège).
Alpes (Hautes-) : Gap.
Ardèche : Privas (Collège).
Aube : Troyes (Lycée).
Bouches-du-Rh. : Aix (Ecole norm.).
Calvados : Caen (Lycée).
Charente : Confolens (Collège).
Corrèze : Ussel (Lycée).
Côte-d'Or : Beaune (Ecole d'agric.).
Doubs : Besançon (Lycée).
Eure-et-Loir : Chartres (Lycée).
Garonne (Haute-) : Ondes (Ecole d'agriculture).
Gers : Beaulieu (Anc. ferme-école).
Hérault : Clermont-l'Hérault (Collège).
Ille-et-Vilaine : Trois-Croix (Ecole d'agriculture).
Isère : Grenoble (Lycée).
Isère : Vienne (Collège).
Jura : Lons-le-Saulnier (Lycée).
Loire (Haute-) : Brioude.

Loir-et-Cher : Blois (Collège).
Loiret : Orléans (Ecole normale).
Marne : Epernay (Collège).
Marne (Haute-) : Langres (Collège).
Oise : Beauvais (Lycée).
Orne : Séez.
Pyrénées (Hautes-) : Vic-Bigorre.
Rhône : Villefranche (Collège).
Saône (Haute-) : Vesoul (Lycée).
Savoie : Moutiers.
Savoie (Haute-) : Condamine (Ecole d'agriculture).
Seine-Inférieure : Yvetot.
Seine-et-Oise : Rambouillet (Bergerie nationale).
Sèvres (Deux-) : Saint-Maixent.
Tarn : Alby (Ecole prim. supér.).
Vendée : Chantonnay.
Vosges : Mirecourt.

97. Le recrutement de ces écoles est assez inégal. Il varie d'une quarantaine d'élèves (Troyes, Vienne) à une dizaine ou moins (Ussel, Beaulieu, etc.) Même pour l'hiver les cultivateurs consentent difficilement à se priver de leurs enfants. C'est pourquoi a été créée la forme d'enseignement suivante :

2° Ecoles d'hiver ambulantes.

98. Leur but est de suppléer les écoles d'agriculture d'hiver fixes auprès des jeunes gens qui ne peuvent les fréquenter, retenus qu'ils sont par les travaux de l'exploitation familiale, et de leur apporter, en un petit nombre de leçons, un enseignement très pratique.

Ces leçons sont données par un ou deux professeurs d'agriculture, ordinairement l'après-midi du dimanche et du jeudi de chaque semaine, de novembre à mars. L'admission est fort simple; il suffit d'en adresser, par écrit, la demande au directeur de l'école. Les cours sont entièrement gratuits.

Vingt-trois de ces écoles ont fonctionné en 1923-1924 [1] :

Charente : Ruffec.
Charente-Inférieures : Saintes.
Côtes-du-Nord : Dinan.
Creuse : Chénérailles.
Doubs : Pontarlier, Baume-les-Dames.
Drôme : Bourg-du-Péage, Montélimar, Valence, Loriol.
Isère : La Côte Saint-André.
Loire : Roannes.
Mayenne : Mayenne.
Meuse : Montmédy, Bar-le-Duc.
Nord : Hazebrouck, Valenciennes, Lille, Cambrai.
Pas-de-Calais.
Haut-Rhin : Belfort.
Sarthe : Le Mans, Saint-Calais.
Seine-et-Marne : Melun, Coulommiers, Provins, Meaux.
Tarn : Gaillac.
Vendée : Chantonnay.
Yonne : Avallon, Joigny.

Résultats d'ailleurs peu consolants ; assistance généralement médiocre.

1. Y joindre les écoles régionales d'agriculture de : Château-Salins (Moselle) et de Rouffach (Haut-Rhin).

3° Cours postscolaires.

99. En exposant, dans la première partie, les dispositions légales qui les régissent, nous avions laissé entrevoir quelles difficultés sérieuses s'opposaient au développement de ces cours. Et en effet, ils n'ont fonctionné, nous ignorons d'ailleurs avec quelle efficacité, que dans un nombre excessivement restreint de communes rurales : 587 avant 1922 (avec 9.366 élèves, chiffres peut-être grossis) ; 483 au début de 1923, auxquels se sont ajoutés 143 autres seulement dans le cours de cette même année [1]. Et il y a 36.000 communes en France, sans compter les provinces recouvrées !

Ce n'est pas que les encouragements et les directives aient manqué, tout au moins du côté du ministère : nous signalerons en particulier la circulaire de M. Ricard (6 août 1920) aux présidents des Offices agricoles pour les inviter à soutenir l'effort des instituteurs et à mettre à leur disposition le petit matériel de démonstration indispensable (tableaux, tubes à essai, calcimètre, collections graines, etc.) ; puis les « Instructions générales sur la méthode et les programmes de l'enseignement postscolaire agricole », excellemment pensées, que le sous-secrétaire d'Etat à l'Agriculture en 1920, M. Queuille, envoyait aux instituteurs, en les accompagnant d'un programme complet pour les quatre ans de cours prévus par la loi [2].

Cet enseignement, disait-il, doit être essentiellement *utilitaire* et pratique ; porter non sur des recherches, mais sur des résultats décidément acquis, pour ne donner aucune prise au scepticisme paysan. Il doit être *réaliste*, non livresque, aller du concret à l'abstrait, la théorie n'étant amenée que pour faire comprendre les faits. Il doit enfin être *souple*, s'adapter aux milieux, aux besoins locaux. En somme prendre la forme de *leçons de choses*, accommodées au pays, aux auditeurs et se pliant au cycle saisonnier de la vie rurale. Un long programme suit ces directives, qui pourrait être consulté avec profit.

Il est regrettable que cet enseignement n'ait obtenu qu'un succès très limité jusqu'à présent ; c'était à prévoir : nous en avons indiqué plus haut (p. 27, n° 52) les raisons. Son sort est lié à celui de l'enseignement rural à l'école primaire : il y a toute une mentalité à changer ou à refaire [3].

---

1. Les départements qui n'en avaient aucun au début de 1923 étaient : Allier, Calvados, Côte-d'Or, Gironde, Hautes-Pyrénées, Maine-et-Loire, Deux-Sèvres, Tarn-et-Garonne, Vaucluse, Vienne.

2. Voir Instructions et programme dans le recueil des dispositions légales sur l'enseignement agricole publié en 1921 par le ministre de l'Agriculture.

3. Dans son rapport cité plus haut (p. 23, n° 45), M. Petit, donnant les résultats de son enquête sur l'enseignement postscolaire agricole, constate

La loi du 2 août 1918 (art. 22) exige des instituteurs appelés à faire ces cours qu'ils soient munis d'un certificat d'aptitude spécial, ou d'un brevet agricole délivrés par le ministre de l'Agriculture. Il a bien fallu pour les premiers cours ouverts ne pas tenir compte de ces exigences. Depuis lors, des brevets ont commencé à être préparés et même décernés : dans le Cantal par exemple.

4° Apprentissage agricole.

100. Créés par décret du 13 décembre 1919, à un moment où le manque de main-d'œuvre se faisait cruellement sentir dans les campagnes, les centres d'apprentissage se sont développés rapidement. Une propagande active et des subsides intéressants aidèrent d'ailleurs puissamment à leur succès.

Une vingtaine de centres, reconnus par le ministère de l'Agriculture, sont actuellement en fonctionnement. Voici la liste :

Centres *agricoles :* Bel-Air, par Briis-sous-Forges (Seine-et-Oise); Boslon, par Quittebœuf (Eure); Fontaineroux, à Héricy (Seine-et-Marne); Gorgebin, près Chaumont (Haute-Marne); Bellée, à Créances (Manche); Domaine des Places, à Cadanjac (Gironde); Veuilly-la-Poterie (Aisne); Trinottières, à Seiches (Maine-et-Loire); St-Vincent, par Châteauneuf-en-Thimerais (Eure-et-Loir); Laumoy, par Morlac (Cher); Royat (Ariège); Bergerie de Rambouillet (Seine-et-Oise).

Centres *horticoles :* Beaubourg, à Croissy-Beaubourg (Seine-et-Oise); Valclaret, à Antibes (Alpes-Maritimes); Pressoirs-du-Roy, à Samoreau (Seine-et-Marne); Bouvines (Nord).

Centre *agricole* et *horticole :* La Folie, à Berck sur-Mer (Pas-de-Calais).

Centre *viticole :* Château-Figeac, à St-Emilion (Gironde),

Centre *agricole* et des *petits métiers ruraux :* L'Ange Gabriel, à Mende (Lozère)[1].

Conditions d'admission.

L'admission dans les centres n'est soumise à aucun examen ou concours.

La demande est adressée au ministère de l'Agriculture (service de la main-d'œuvre agricole, 78, rue de Varenne, Paris, VIIe), suivant un modèle régle-

---

cependant un certain progrès pour 1921-1922. Fort peu d'adultes comme auditeurs ; des jeunes gens et des élèves de l'école de jour. Un peu plus de fréquentation dans certains départements (Doubs, Hérault, Allier, Cantal, etc.), grâce à l'appui donné par les Services départementaux agricoles à la bonne volonté des instituteurs.

1. Il semble bien que les centres d'apprentissage agricole ont reçu surtout des orphelins de la guerre ou des pupilles de la nation. Un essai de centre agricole libre, fait en 1922 au domaine de Kerleau, près Elven (Morbihan), échoua faute de candidats. Malgré de très sérieux avantages offerts, les parents ne voulurent pas se priver des services de leurs enfants.

mentaire, et en la faisant accompagner d'un certificat médical, attestant que l'enfant n'est atteint d'aucune maladie contagieuse et a été vacciné contre la variole. Pour les non-pupilles de la nation, l'administration exige, en plus, un engagement des parents de fournir et entretenir le trousseau de leur fils. L'âge d'admission part de 12 à 13 ans. Le nombre des élèves est assez limité, une trentaine au maximum, pour que puisse être convenablement donné l'enseignement pratique.

Régime.

Le régime des centres est l'internat. Les Pupilles de la nation sont entretenus gratuitement.

Quant aux non-pupilles, aucune règle fixe n'a pu être établie et, suivant les centres et les situations de famille des apprentis, des dispositions particulières sont en usage. En principe toutefois, la pension est gratuite pour les enfants des familles dépourvues de moyens leur permettant de mettre leurs fils dans une institution similaire non gratuite.

Les apprentis ne sont pas rémunérés pendant la durée de l'apprentissage. Plusieurs centres cependant, dans le but de les encourager, ont prévu la constitution d'un pécule, qui n'est remis à chacun qu'en fin d'apprentissage.

Travaux et enseignement.

Plus nettement que les fermes-écoles, les centres d'apprentissage visent avant tout la formation pratique, manuelle.

Les apprentis passent à tour de rôle dans les différents services de l'exploitation : ils doivent apprendre les principales cultures, les soins à donner aux animaux, le fonctionnement et la marche des machines plus ordinairement employées, la menuiserie et un peu de forge. L'enseignement ne comporte pas de programme déterminé ; il s'ajoute aux travaux sous forme de partie explicative, et se donne au moment le plus opportun. Lorsque l'instruction générale laisse à désirer chez les apprentis, il est possible, à peu de frais, de faire appel à l'instituteur du lieu pour la compléter ; quelquefois, c'est le chef de l'exploitation qui s'en charge lui-même. Etant donné le caractère plutôt familial de cette institution, la valeur de la formation technique et de l'éducation morale des apprentis dépendra étroitement de la valeur des dirigeants.

5° Orphelinats.

104. Signalons aussi, quoique ne rentrant pas directement dans le cadre de ce travail, un certain nombre d'établissements subventionnés ou non par le ministère de l'Agriculture, et qui ne reçoivent que des orphelins faisant leur apprentissage agricole.

On peut citer parmi eux : l'orphelinat Leclerc-Chanoine, à Angoulême ; l'orphelinat horticole de Beaume ; l'orphelinat départemental de Valence (Drôme) ; l'asile Bordes, à Châteaudun (Eure-et-Loir) ; l'orphelinat de Gradignan (Gironde) ; l'orphelinat départemental de Voiron (Isère) ; l'orphelinat Leroy, à Saint-Viaud (Loire-Inférieure) ; celui de Giel (Orne), de Sainte-Marie du Zit (Tunisie) ; l'orphelinat de Thodures, par Marcillole (Isère), l'orphelinat protestant de La Force (Dordogne); la colonie agricole d'Ay (Marne); l'asile départemental de Saint-Cyr l'Ecole (Seine-et-Oise); l'école d'horticulture de Villepreux (Seine-et-Oise), etc., etc.

L'application de la loi de 1901 sur les Congrégations enseignantes a durement atteint ou même dispersé un certain nombre de ces établissements. Dans son Rapport sur l'*Enseignement libre de l'Agriculture en France* (1901), M. Blanchemain dressait le tableau, par régions, des quatre-vingt-dix-huit orphelinats agricoles de *garçons* qui avaient trouvé un appui financier auprès de la Société des Agriculteurs de France. Presque tous, à cette époque, étaient confiés à des congrégations religieuses : Frères de Saint-François Régis, Frères des Ecoles Chrétiennes, Frères de Ploërmel, Frères du Saint-Esprit, Frères Marianites, Frères de Saint-François d'Assise, Frères de Saint-Viateur.

Placement d'enfants a la campagne. — Quelques œuvres charitables de villes s'occupent, avec grand dévouement, du placement de jeunes enfants dans des familles de cultivateurs. Signalons deux des principales : Œuvre du placement familial, 40, av. de la Motte-Piquet, Paris, VII, fondée par M. l'abbé Santol; Patronage de l'enfance et de l'adolescence, 379, rue de Vaugirard, Paris, XV, fondée par M. H. Rollet. L'Union des Syndicats agricoles vosgiens, 8, rue Haute, Epinal, grâce à l'activité de son secrétaire, M. l'abbé Mény, avait placé, fin 1923, plus de 860 de ces jeunes enfants dans des familles d'agriculteurs. La plupart avaient été envoyés par M. Rollet. Forme très heureuse de relèvement moral et de solide préparation professionnelle agricole.

IV. — ENSEIGNEMENT COLONIAL

105. L'importance pour l'avenir de nos colonies d'exploitants et de dirigeants instruits, n'échappe à personne. L'Allemagne, avant la guerre, au Cameroun et dans ses autres possessions, avait puissamment développé ses écoles d'agriculture coloniales, et l'on pouvait déjà en constater les effets [1]. En France, nous

1. Quand nous avons occupé le Cameroun, après la guerre, cette colonie avait été dotée par les Allemands : 1° d'une école supérieure, chargée de former des moniteurs agriculteurs et des contremaîtres; après deux ans d'études théoriques et pratiques, les élèves étaient tenus de rester cinq ans au service de l'administration coloniale qui les employait dans des stations d'essais, pour vulgariser les méthodes enseignées; 2° d'écoles pratiques pour indigènes intelligents, où on leur inculquait les méthodes de culture moderne; 3° enfin, l'instruction pratique se donnait par séries, à des travailleurs chargés de répandre, dans l'intérieur, les moyens employés dans les champs d'expérience, en vue de meilleurs rendements.

ne comptons guère que trois écoles préparant soit des ingénieurs agronomes coloniaux, soit des techniciens coloniaux :

— *L'Ecole supérieure d'agriculture coloniale de Nogent-sur-Marne*, à laquelle on n'accède qu'après un concours ou avec le diplôme d'une des grandes Ecoles nationales d'agriculture. Cette Ecole vise à la formation d'une élite : exploitants de grands domaines, agents techniques ou inspecteurs coloniaux.

— *L'Ecole d'agriculture de Tunis* et *l'Ecole de la Maison-Carrée à Alger* sont faites au contraire pour les fils de colons ou les jeunes gens se destinant à l'exploitation d'un domaine ordinaire. Si on les compare aux écoles d'agriculture, on peut dire qu'elles tiennent le milieu entre les Ecoles nationales et les Ecoles pratiques, mais avec cette différence qu'elles ne préparent pas de fonctionnaires.

Le brevet supérieur ou le baccalauréat dispensent de l'examen d'entrée. L'enseignement n'est pas gratuit comme dans les écoles de l'Etat ; cependant des bourses peuvent être obtenues de la métropole [1].

Ferme de stagiaires de Sidi-Tabet (Tunisie) forme des jeunes gens à la Colonisation en Tunisie. S'adresser au Dir. de l'agriculture, Tunis ou à l'Office colonial, 19, Galeries d'Orléans, Palais-Royal, Paris, I.

1. Un effort intéressant à signaler, est celui qu'ont réalisé les troupes d'occupation pour l'enseignement de l'agriculture à l'arrière. Plusieurs écoles d'agriculture ont été fondées dans ce dessein, notamment *l'Ecole d'agriculture Bugeaud*, établie en 1920, près de Sarrebrük, par les soins du général Brissaud-Desmaillet. Cette école est due uniquement au travail des troupes qui l'ont édifiée de leurs mains ; elle se propose de développer chez les soldats et dans la région les connaissances agricoles modernes. Ses 28 hectares, défrichés et cultivés, remplacent l'ancien terrain de manœuvres des Allemands.

L'Ecole vit de ses bénéfices et ne demande rien à l'Etat. Une moitié de ses bénéfices (84.000 fr. en 1922) sert à l'agrandissement et à l'amélioration de l'école ; l'autre moitié à des secours pour l'ordinaire des troupes, à des bourses, primes de rendement de travail, entretien de bibliothèque... En 1923, elle comptait 72 hommes, la plupart agriculteurs, qui, sur les six derniers mois de leur service, viennent pendant trois mois se perfectionner et apprendre les méthodes nouvelles d'agriculture. Les instructeurs sont choisis parmi les ingénieurs agronomes ou agricoles mobilisés. Chaque année, des cours d'agriculture, réunissant de plus grands auditoires, sont donnés à l'occasion des manœuvres.

A citer encore la ferme-école de *l'Armada*, rattachée au 30e corps d'armée de l'armée du Rhin, près de Wiesbaden.

B. — Enseignement privé.

106. Avant 1901, presque tous les établissements libres d'enseignement agricole se trouvaient entre les mains de congrégations religieuses. Dans le bouleversement qui suivit l'expulsion, leur œuvre, un instant compromise, fut reprise et même peu à peu développée, grâce à l'appui des autorités ecclésiastiques et au dévouement de prêtres et d'hommes d'œuvres catholiques. Depuis la crise de 1901, ces derniers temps surtout, des écoles libres d'agriculture ont été ouvertes dans les diverses régions de France; des cours d'agriculture, chaque jour plus nombreux, ont été créés dans les collèges, en section à part, parallèlement à l'enseignement secondaire. C'est le cas en particulier dans la région du Nord, qui bénéficie de l'activité de prêtres missionnaires-agricoles, spécialisés par deux années d'études dans une école d'agriculture, et à qui sont confiés l'enseignement de l'agriculture et l'organisation des œuvres agricoles. Dans d'autres diocèses, à Lyon, Versailles..., des conférences sont faites dans les Séminaires par des dirigeants d'associations agricoles, afin d'initier les futurs prêtres au mécanisme des organisations, et de leur faciliter la tâche de directeurs de cercles d'études ruraux.

Il est assez difficile, encore à présent, de donner un aperçu sans lacunes de l'enseignement agricole libre. Echappant à l'unification de l'Etat, il s'est épanoui en formes très variées. D'autre part, en dehors de quelques essais d'enquêtes limitées, on n'a pas jusqu'à présent recensé et classé l'ensemble des établissements. L'exposé qui suit ne présentera pourtant, nous le croyons, aucune omission sérieuse. Si tels et tels établissements sont restés en dehors de nos recherches, du moins chaque type d'enseignement a été étudié avec des détails suffisants. Pour la clarté de l'exposé, et malgré l'imparfaite concordance entre l'organisation publique et l'organisation privée, nous avons conservé ici les grandes lignes de la classification de l'enseignement officiel : écoles supérieures, écoles moyennes d'agriculture, enseignement populaire et primaire.

I. — ÉCOLES SUPÉRIEURES D'AGRICULTURE

107. L'enseignement supérieur de l'agriculture fut d'abord donné sous forme de cours dans les Facultés catholiques; ce fut le cas à Paris, Lyon et Lille. On s'aperçut bientôt que cet enseignement théorique avait besoin d'être complété par les expériences de l'exploitation directe, et ainsi naquirent les écoles supérieures d'agriculture actuelles. Elles sont aujourd'hui au nombre de quatre : Angers (Facultés cath. de l'Ouest), Beauvais (Institut cath. de Paris), Purpan (Institut cath. de Toulouse), la Félicité, près Aix-en-Provence.

Le but de ces écoles est, comme on l'a dit, « par des études scientifiques profondes et appropriées; par un souci constant de développer l'esprit d'observation, le sens pratique et l'initiative; par des connaissances juridiques et sociales étendues : de former *une élite de propriétaires ruraux*, capables d'être à la tête de leur région, grâce à une compétence incontestée mise à la portée de tous par un dévouement absolu » [1]. Il serait donc inexact de considérer ces écoles comme de simples prolongements des Facultés; elles ont leur caractère propre, puisque la formation reçue n'y est pas seulement scientifique, mais tout autant sociale et morale. Ces écoles se sont fédérées récemment sous le régime de la loi du 1er juillet 1901, en prenant pour siège social et centre d'action le siège de la Société des Agriculteurs de France, 8, rue d'Athènes, Paris [2].

Elles pourront ainsi, tout en conservant leur autonomie, s'entr'aider pour mieux résoudre les difficultés communes, principalement en ce qui regarde le recrutement des professeurs, les bourses, les stages et situations pour leurs élèves sortants.

Ecole supérieure d'agriculture et de viticulture d'Angers.

108. Fondée en 1898, avec l'appui de la Société des Agriculteurs de France, cette école s'est rapidement développée. L'énergie et l'esprit d'initiative de ses directeurs, qui ont su mettre très haut leurs exigences, lui ont acquis une large notoriété. Elle groupe aujourd'hui, autour de ses chaires, plus d'une centaine de jeunes gens, venus de tous les points de la France.

Admission et conditions.

109. Un examen d'entrée est exigé de tous les candidats non pourvus de leur diplôme complet de baccalauréat.

Cet examen comprend un écrit et un oral, et porte spécialement sur la physique, la chimie et les sciences naturelles; on dispense de la composition française écrite et de l'examen oral de géographie ceux qui ont obtenu le certificat de baccalauréat de première partie. Il est très recommandé de n'entrer à l'Ecole qu'après avoir suivi les cours de P. C. N. Comme pour les écoles de l'Etat, une licence, le certificat de P. C. N., le baccalauréat

1. Cf. *Etudes*, 20 décembre 1922, p. 648.
2. Cf. *Bulletin de la Société des Agriculteurs de France*, août 1923, p. 220.

double ou simple, le brevet supérieur ou le diplôme d'une Ecole secondaire d'agriculture, assurent un certain nombre de points d'avance. Aucune limite d'âge maxima n'a été fixée, mais on ne peut pas être admis à l'Ecole avant 17 ans.

L'enseignement dure deux ans. Une troisième année de stage, dans une ferme recommandée par l'Ecole, est obligatoire pour tous les élèves qui désirent obtenir le diplôme d'*ingénieur-agriculteur E. S. A.*; elle est très conseillée également aux autres, comme complément de leur formation.

Le régime est celui de l'externat ; les élèves prennent pension soit aux Internats des Facultés catholiques d'Angers, soit en ville dans des maisons qui leur sont recommandées. L'Ecole reçoit un nombre restreint d'auditeurs libres, et pour une année seulement.

La rétribution scolaire fixe pour les élèves réguliers est de 1.250 francs par an (en 1923), payables par trimestre, non compris le prix de pension Moyennant une inscription supplémentaire variable suivant les matières, les élèves de seconde année peuvent suivre des cours facultatifs de droit administratif, des travaux d'œnologie, cidrerie et laiterie.

Enseignement et méthodes.

110. L'effort constant des directeurs a été de garder à l'enseignement de l'Ecole son caractère hautement scientifique. L'Ecole possède deux fermes, mais contrairement à ce qui se fait dans les trois autres Ecoles supérieures libres, les élèves n'y travaillent pas ; ces fermes, dites « expérimentales », ne servent que pour les démonstrations. Les élèves ne se rendent à l'une de ces fermes qu'une fois par semaine et ainsi se trouvent disposer de plus de temps et de forces pour leurs études théoriques ; une série de mesures est d'ailleurs prise pour que la visite à la ferme soit tout autre chose qu'une promenade.

Le programme des *études* diffère peu de celui des grandes écoles de l'Etat. Des services importants, installés dans l'Ecole et subventionnés par le département, permettent aux étudiants de s'initier aux travaux de laboratoire, ce sont : la station agronomique, la station œnologique et le service des recherches viticoles. Ces deux derniers notamment, grâce à d'intéressantes expériences, ont acquis à l'Ecole une réputation méritée.

La formation *pratique* est assurée :

1° par les démonstrations hebdomadaires à la ferme : là le professeur explique et commente l'opportunité des travaux exécutés depuis la dernière visite ; il donne l'état des cultures, la marche de la végétation, le résultat des ventes et des achats et, d'après le temps probable, les projets pour la semaine suivante. Selon une expression chère à l'un des maîtres, le professeur apprend aux élèves à « *observer* » et les initie ainsi à leur futur rôle de directeurs d'exploitations. Durant ce temps, les élèves notent sur un carnet spécial que leur fournit l'Ecole et qui est appelé « carnet de ferme », les explications entendues, et leurs observations personnelles accompagnées, au besoin, de croquis ou de photos. Ils est tenu grand compte de ce carnet, corrigé chaque semaine et dont les notes constituent à la fin du trimestre une moyenne spéciale ;

2° par de nombreuses excursions et visites à de grandes exploitations, à des industries agricoles, à des laiteries, fromageries, fabriques d'engrais et de machines agricoles, etc..., toujours suivies d'un rapport obligatoire dont la note entre dans la moyenne des examens ;

3° par le travail sérieux imposé aux élèves pendant les grandes vacances qui suivent la première année d'assistance aux cours. Ce travail doit comprendre : *a*) un journal de vacances, relatant au jour le jour la vie d'une exploitation agricole ; *b*) une étude complète sur le fumier ; *c*) une monographie détaillée d'une exploitation ou d'une culture spéciale. La direction attache une grande importance à ce travail, qui doit être remis le lendemain de la rentrée, et dont il est tenu grand compte pour les notes de fin d'études.

Le diplôme d'ingénieur-agriculteur E. S. A. parachève les études; pour l'obtenir les élèves qui acceptent la troisième année de stage ont à soutenir une thèse de leur choix devant un jury désigné par l'Ecole et où est représentée la Société des Agriculteurs de France [1].

Institut agricole de Beauvais.

111. L'Institut de Beauvais est la plus ancienne de nos Ecoles supérieures libres d'agriculture. Fondée en 1854 par les Frères des Ecoles chrétiennes, elle a reçu, depuis lors, les plus précieux encouragements de la Société des Agriculteurs de France, qui la patronne tout particulièrement. En 1921, la Commission permanente des évêques protecteurs de l'Institut catholique de Paris l'a rattachée officiellement à ce dernier.

Admission.

112. Les élèves ne sont pas reçus avant seize ans. Tous doivent subir un examen d'entrée.

Cet examen comprend : une composition française, des problèmes d'arithmétique et d'algèbre élémentaire, une composition sur la chimie, la physique et l'histoire naturelle. Le baccalauréat donne une majoration de dix points ; le P. C. N., vingt points ; la licence, vingt-cinq points. Grâce au nombre de candidats qui se présentent chaque année, une élimination assez rigoureuse peut se faire dès ce premier examen. Le directeur, en outre, se réserve le droit de ne pas garder les élèves qui, à la fin du premier trimestre, n'auraient pas donné des garanties suffisantes au point de vue soit de la conduite, soit du travail et des qualités nécessaires à une sérieuse vocation agricole.

1. Pour toutes demandes de renseignements et de programme concernant l'Ecole, s'adresser à : M. le Directeur général de l'Ecole supérieure d'Agriculture, domaine de la Fontaine, 33, rue Rabelais, Angers.

Régime.

113. Le régime est l'internat.

L'Institut dispose de 160 chambres meublées, qui sont attribuées chaque année, d'après le classement des examens; un dortoir et une étude commune reçoivent les autres.

Le prix de la pension est de 4.000 fr. (en 1922), qui se paient d'avance en trois termes. Un dépôt d'argent destiné aux frais d'excursion et aux dépenses diverses assez nombreuses est également demandé aux familles. Toute facilité est donnée aux élèves pour l'équitation, l'usage de la motocyclette, l'escrime, les leçons de préparation militaire et même la chasse sur les terres de l'Institut.

Enseignement et méthodes.

114. La durée normale des études est de trois ans, mais les élèves qui justifient d'un acquis scientifique suffisant peuvent brûler une étape et entrer directement en seconde année.

L'enseignement *théorique* diffère peu de celui de l'école d'Angers. Une plus grande place, par contre, est donnée à l'enseignement pratique.

Il comprend d'abord dans l'école même : *a*) — un cours de dessin graphique très développé, avec notions de géométrie descriptive, dessins de machines agricoles, plans de bâtiments ruraux que doit accompagner un projet de construction rurale, travail personnel de l'élève ; — *b*) de fréquentes manipulations de chimie et des observations au microscope ; — *c*) enfin l'obligation pour chaque élève de se constituer un herbier, afin de donner l'habitude des recherches personnelles.

En dehors de l'école, l'enseignement *pratique* consiste dans la participation aux travaux agricoles de cinq fermes annexées à l'Institut : la ferme du Bois (160 hectares) ; Beauséjour, propriété d'agrément (15 hect.) ; la Mie-au-Roy, où sont situés l'usine d'électrcité et les herbages (22 hect.) ; le Canada, avec 27 hect. de prairies et le Marais qui comprend vergers et prairies. Les élèves s'y rendent trois après-midi par semaine sous la direction de leurs professeurs, exécutent à tour de rôle les divers travaux de la ferme et doivent, après chaque visite, faire un rapport écrit de leurs observations. De fréquentes excursions agricoles, géologiques, sylvicoles, et des visites aux marchés de bestiaux, aux concours agricoles, etc..., viennent encore compléter cette formation pratique.

Un brevet de capacité est délivré à la fin de la troisième année à tous les élèves qui ont obtenu au moins les deux tiers du maximum des notes. Le diplôme est réservé aux thèses, dont la soutenance solennelle se fait devant les délégués de la Société des Agriculteurs de France. Quinze ou vingt sont passées chaque année. Plusieurs de ces thèses imprimées ont été justement remarquées [1].

1. Pour tous renseignements, on peut s'adresser au Directeur-Administrateur de l'Institut agricole, Beauvais (Oise). On trouvera dans le volume de

Ecole supérieure d'agriculture de Purpan, près Toulouse.

115. Cette Ecole, créée seulement après guerre, en 1919, est devenue très rapidement un des centres agricoles les plus actifs du Sud-Ouest. Elle vise à former l'élite qui répandra dans la région la science agricole et les idées chrétiennes d'organisation professionnelle. Signalons, dès à présent, qu'elle a suscité déjà un mouvement très intéressant de Journées rurales et d'enseignement agricole par correspondance, où ses élèves ont une bonne part.

L'Ecole est installée dans le joli domaine de Purpan, aux portes de Toulouse, et rattachée à l'Institut catholique de cette ville, qui lui fournit plusieurs de ses professeurs. Depuis peu, l'enseignement supérieur a été doublé par une section d'élèves-régisseurs qui suivent un programme simplifié, ce qui constitue dans l'Ecole deux catégories d'élèves : la section des élèves-ingénieurs et la section des élèves-régisseurs.

Section des élèves-ingénieurs.

116. *Admission.* — L'Ecole ne reçoit que des internes, à partir de seize ans.

Les candidats munis du baccalauréat complet sont dispensés de l'examen d'entrée ; les autres doivent subir les épreuves écrites et orales portant sur le programme de sciences du baccalauréat seconde partie (philosophie), plus une dissertation sur un sujet de philosophie ou de morale.

117. *Méthode d'enseignement.* La préoccupation de développer chez les élèves l'esprit d'initiative et le sens de l'observation, n'est pas moindre que dans les deux écoles précédentes ; toutefois on a jugé bon de donner sensiblement plus d'importance et plus de place à la pratique proprement dite. On s'est dit que dans la profession agricole il est capital pour un dirigeant de savoir, dès qu'il débute, exécuter par lui-même, et que l'observation ne vaut pleinement qu'autant qu'elle est accompagnée d'exécution... et de maladresses ou d'échecs personnels. On a donc adopté une méthode un peu différente de celle des écoles d'Angers et de Beauvais.

Voici comment elle a été appliquée :

1° d'abord création d'un cours de synthèse agricole, dont le but est de coordonner entre elles les différentes matières et de présenter aux élèves une idée d'ensemble de l'exploitation agricole (agriculture générale, admi-

M. Bavencove, l'*Institut agricole de Beauvais* (10 fr.) tous les renseignements voulus sur l'historique de l'établissement, son organisation, les cours, les travaux pratiques à la ferme et les excursions agricoles hebdomadaires.

nistration d'un domaine, histoire de l'évolution agricole) ; les esprits sont ainsi amenés à porter un jugement sur les différents modes d'exploitation et par suite à mieux apprécier les usages de leur région ; — 2° tenue d'un « journal » où les élèves marquent au jour le jour les travaux qu'ils ont exécutés personnellement et les remarques qu'ils leur ont suggérées ; de plus, chacun d'eux est tenu de fournir tous les mois un rapport sur l'ensemble de l'exploitation ; — 3° les élèves cultivent eux-mêmes le domaine qui comprend 46 hectares ; en dehors d'eux, il n'y a d'ouvriers que le laitier, la basse-courière, le jardinier-maraîcher et fleuriste. Ces travaux, qui prennent trois ou quatre heures par jour, développent l'esprit d'initiative, l'habileté manuelle et le jugement pratique ; à tour de rôle les élèves sont désignés comme chefs de section et ont à commander et assurer l'exécution des travaux de leur équipe ; — 4° enfin le stage des vacances, avec rapport détaillé obligatoire, vient compléter cette formation personnelle et expérimentale des élèves.

118. *Examens et diplômes.* Des examens hebdomadaires tiennent les élèves en haleine ; les notes additionnées avec des coefficients variables constituent la moyenne générale, laquelle décide du passage d'une année dans une autre (moyenne minima : 12 points). A la fin de la troisième année, un examen général, dont les résultats se combinent avec les moyennes précédentes, permet d'obtenir le certificat d'études agronomiques.

Les meilleurs élèves, qui ont atteint au moins la moyenne 14, sont admis à la préparation d'une « thèse », qui leur donnera droit au diplôme d'ingénieur-agriculteur. Ces deux diplômes, certificat d'études agronomiques et diplôme d'ingénieur-agriculteur, sont délivrés par la Société des Agriculteurs de France.

Section des élèves-régisseurs.

119. Les places sont en petit nombre dans cette section ; les jeunes gens qui y sont admis reçoivent, en même temps que la formation générale, des leçons pratiques et des leçons théoriques élémentaires d'agriculture. Les études ne durent que 2 ans.

Prix de pension : Pour les élèves ingénieurs, 4.000 fr. en première et en seconde année ; 3.000 fr. en troisième année. Pour les élèves régisseurs 1500 fr. [1] (En 1923.)

Ecole supérieure d'agriculture, la Félicité, près d'Aix-en-Provence.

120. L'Ecole fondée en 1920, grâce à l'appui des Agriculteurs de France et de l'Union du Sud-Est, en est encore à ses débuts. Ici encore les travaux pratiques sont considérés comme

1. Pour tous renseignements : s'adresser au Directeur de l'Ecole supérieure d'agriculture, Purpan, près Toulouse.

une partie essentielle de la formation, et les élèves y participent eux-mêmes. Ils s'exécutent dans les trois domaines appartenant à l'Ecole : la Félicité, Parade et Sainte-Madeleine, dont la superficie totale atteint 70 hectares.

121. *Régime et enseignement.* Les candidats ne sont admis qu'entre seize et vingt ans ; ils doivent posséder le baccalauréat ou des équivalences. Le régime est celui du pensionnat, excepté pour les élèves dont la famille habite Aix ; ceux-ci peuvent être reçus comme demi-pensionnaires.

Les études durent deux ans et aboutissent au certificat d'études agronomiques ; une troisième année, consacrée à un stage, est requise de ceux qui préparent une thèse en vue du diplôme d'ingénieur-agriculteur, délivré par la Société des Agriculteurs de France. Le programme d'enseignement est sensiblement le même que dans les écoles précédentes. Un journal et une monographie avec étude plus complète sur un sujet fixé doivent être écrits pendant les vacances. Le prix de la pension (en 1923) est de 4.000 fr. payable d'avance en deux termes ; celui de la demi-pension 2.500 fr.[1].

II. — ÉCOLES MOYENNES D'AGRICULTURE

122. Ces écoles offrent entre elles des différences assez notables. Nées généralement d'initiatives locales, visant à satisfaire à des besoins locaux, elles ne se sont qu'assez peu souciées de rentrer dans un cadre prédéfini, quant au programme, aux conditions d'admission et aux méthodes employées. Plusieurs, sans cependant prétendre au titre d'écoles supérieures, se sont acquis une légitime réputation par le sérieux de leur direction et la solidité de leur enseignement.

Nous rattacherons aux écoles d'agriculture proprement dites, comme faisant encore partie de l'enseignement moyen, les sections agricoles dans les collèges libres et les cours d'agriculture dans les écoles professionnelles. Bien entendu, notre liste ne prétend pas à être exhaustive.

Ecole d'agriculture de Hauterive-Grangeneuve, près Fribourg (Suisse).

123. L'ancienne école de St-Remy-sur-Amance (Hte-Saône), fondée par la Société des Marianistes, et installée maintenant à l'étranger, est demeurée française d'esprit, de recrutement, de méthodes, dans le domaine de Hauterive-Grangeneuve où, au

1. Pour tous renseignements, s'adresser au Directeur de l'Ecole d'Agriculture, la Félicité, près Aix-en-Provence.

lendemain de la loi de 1901, elle put être transférée grâce à la générosité du canton de Fribourg. C'est là que s'élèvent aujourd'hui, à 630 mètres d'altitude et dans un site merveilleux, les nouveaux bâtiments de l'école, aménagés avec tout le confort moderne : éclairage électrique, chauffage central, etc... Un domaine de 150 hectares avec un corps de ferme important sont attenants à l'école ; cinq kilomètres les séparent de la ville et de l'Université de Fribourg. Cent quarante élèves environ peuvent être logés. La grande majorité d'entre eux sont des Français.

L'école porte le titre d'*Ecole d'agriculture de l'Etat de Fribourg*. Le gouvernement cantonal en a la haute surveillance ; il nomme la commission chargée de présider aux examens de sortie et de délivrer les diplômes ; c'est lui qui nomme aussi les professeurs sur présentation du directeur de l'école. Depuis 1923, la station laitière de Pérolles (Fribourg), s'est transportée dans le voisinage de l'école et reçoit les élèves qui, leurs études terminées, veulent compléter pendant quelques semaines leurs connaissances dans l'industrie laitière (technologie du lait, recherches chimiques et bactériologiques, etc...)

Admission.

124. On n'est pas admis à l'école avant seize ans accomplis à l'époque de l'examen, mais aucune limite d'âge maxima n'est fixée, et il n'est pas rare d'y rencontrer des vocations agricoles tardives.

Un examen d'entrée est obligatoire pour tous les élèves non munis du baccalauréat ou du brevet supérieur. Pour une première initiation aux travaux de belle saison, les élèves peuvent entrer à l'école dès le mois d'avril ; l'inscription comme élève régulier n'est effective cependant qu'après l'examen d'octobre, obligatoire pour tous les nouveaux.

Le prix de pension est (en 1923) de 1.200 fr. pour les élèves ordinaires, et de 1.800 fr. pour ceux qui ont obtenu une chambre particulière ; les frais accessoires de blanchissage, laboratoire et droit d'inscription ne sont pas compris dans ces chiffres.

Enseignement.

125. Les études, commencées en octobre, durent deux ans et demi ; les élèves de troisième année quittent donc l'Ecole un peu avant les grands travaux de l'été. Le reste de l'année, les cours théoriques et les travaux pratiques se partagent à peu près également l'horaire des journées.

Le programme des cours a été approuvé par le gouvernement cantonal. Des interrogations hebdomadaires et, à la fin de chaque cours, un examen général théorique et pratique contrôlent le travail.

Mais surtout les élèves participent activement à tous les travaux d'une grande exploitation. Sous la conduite de maitres expérimentés, et répartis en équipes que commande l'un d'entre eux, les élèves font successivement toutes les besognes de l'exploitant : conduite des attelages, alimentation et engraissage des bestiaux ; entretien et mise en état des machines agricoles ; travail au verger, potager, dans les vignes ; exercices de nivellement, de drainage et d'irrigation ; petit stage dans les ateliers de charronnage, de menuiserie, à la forge. A la fin de chaque semaine, l'élève chef d'équipe présente son rapport sur les travaux exécutés ; un élève de troisième année, qui a suivi pendant cette même semaine la marche générale de l'exploitation, étudie les divers rapports, dresse la comptabilité de la ferme, et rend compte du tout en séance publique devant le directeur de l'Ecole.

L'ensemble des notes obtenues, et un examen de sortie, subi devant une Commission officielle de l'Etat de Fribourg, permettent un classement définitif des élèves, et pour une moyenne minimum de 12 points donnent droit à un diplôme.

Ecole pratique d'agriculture de Genech (Nord).

126. (A trois kilomètres de Templeuve, sur la ligne de Lille-Douai, par Cysoing.)

Cette Ecole, fondée en 1894, sur un domaine de 75 hectares, eut à souffrir de la guerre ; aujourd'hui, toutes les brèches sont réparées, et de nouveaux bâtiments ont même été ajoutés. La direction est entre les mains de prêtres (missionnaires-agricoles, bien connus dans le Nord) ; les cours sont donnés par le directeur de l'Ecole et des professeurs de sciences des Facultés catholiques de Lille.

Les études durent deux ans. La formation pratique se fait, comme dans les écoles précédemment étudiées, par l'application des élèves à tous les travaux de l'exploitation. L'âge d'admission est de seize ans ; un examen d'entrée est imposé à ceux qui ne possèdent pas de diplôme du baccalauréat.

Les élèves qui ont satisfait à leurs examens, à la fin de leurs études, reçoivent d'un jury spécial composé du Doyen (Sciences) des Facultés cath. de Lille ou de son représentant, le diplôme d'*ingénieur de l'Ecole d'agriculture de Genech*.

Prix de pension : 3.000 fr. (en 1923), payables en trois trimestres, comprenant logement et nourriture ; les fournitures de classe restent à la charge des familles [1].

Institution agricole Paul Michel-Perret.

127. (A huit kilom. de Lyon, château de Sandar, à Limonest, Rhône.)

Ecole fort estimée de la région lyonnaise. Les élèves sont

1. Adresse : M. Chombart, directeur, à Genech, par Templeuve (Nord).

admis à partir de quatorze ans; ils doivent posséder au moins les connaissances exigées pour le certificat d'études primaires. Les études durent trois ans, pendant lesquelles on continue à leur donner, avec un enseignement technique adapté, une instruction primaire supérieure.

Une ferme de 40 hectares, annexée à l'Ecole, permet aux élèves les travaux pratiques. Une place importante est réservée à l'horticulture et à la viticulture. Frais de pension : 1.200 fr. (en 1923), payables en trois termes.

Institution agricole de Vals, près Le Puy (Haute-Loire).

128. Actuellement en pleine prospérité, est du même type que l'Institution Paul Michel-Perret; patronnée comme elle par la Société des Agriculteurs de France.

Ecole d'agriculture La Mennais, à Ploërmel (Morbihan).

129. Sous le patronage de la Société des Agriculteurs de France et de l'Union des Syndicats agricoles du Morbihan, elle se trouve dirigée encore aujourd'hui par ses anciens maîtres.

Les études durent deux ou trois ans : les élèves qui sortent à la fin de la seconde année obtiennent le brevet de capacité agricole; la troisième année conduit au diplôme supérieur d'études agricoles. Une école de jardinage (horticulture et arboriculture) est annexée à l'Ecole.

Le prix de la pension est de 2.000 fr. (en 1923).

Ecole d'agriculture les Vauxbelets (Ile de Guernesey).

Cette Ecole est une institution française des Frères des Ecoles chrétiennes. Les études durent deux ans; une place spéciale est faite à l'enseignement de la langue anglaise. La pension est de 3.000 fr. (en 1923).

Ecole d'agriculture Etienne-Gautier, par Vougy (Loire)[1].

130. Fondée en 1920 par le cardinal Maurin, archevêque de Lyon et placée sous le patronage de l'Union de Syndicats de la Loire, cette école, due à la générosité de celui dont elle porte le nom, veut continuer auprès de la classe rurale moyenne l'œuvre si belle commencée par des apôtres tels que Maurice de Gatellier et Etienne Gautier. Des prêtres du diocèse de Lyon, formés à l'Ecole supérieure d'Angers, en assurent la direction.

1. Adresse : M. le Directeur de l'Ecole d'agriculture, château de Ressins, par Vougy (Loire).

Les candidats pour être admis doivent avoir quatorze ans et le certificat d'études primaires. Les cours durent trois ans, avec travaux pratiques quotidiens dans la ferme attenante au château.

Prix de pension : 1.500 francs par an (en 1923), non compris blanchissage et frais de trousseau.

Ecole d'agriculture Charles Chevillote, le Nivot (Finistère).

131. Cette école, du même type que l'école Etienne-Gautier, a été ouverte en 1923, sous le patronage de Mgr Duparc, évêque de Quimper, de la Société des Agriculteurs de France et de l'Union des syndicats agricoles du Finistère.

Les élèves sont admis après un examen portant sur le programme des études primaires supérieures. Un cours préparatoire, destiné spécialement aux Pupilles de la Nation, se trouve annexé à l'école ; les enfants n'y sont pas admis avant treize ans.

Prix de la pension : 1.500 francs (en 1923), plus quelques frais supplémenmentaires[1].

Ecole d'agriculture de Laroque (Aveyron).

132. A deux kilomètres de Rodez.

Cette école a été, en 1922, transférée de Montagnac dans le nouveau domaine de Laroque, acheté à cette fin par l'Union du Plateau central. Le domaine a été loué et l'administration de l'école a été confiée à la Société centrale d'agriculture de l'Aveyron. Le but de ses fondateurs est de lutter contre l'exode rural, en donnant aux fils des moyens et des petits cultivateurs une formation professionnelle sérieuse.

Les cours sont assurés par des techniciens de valeur et durent deux ans. La ferme de l'école sert aussi de terrain d'expérience pour les engrais, semences et façons culturales. La journée est ainsi distribuée : 4 heures d'études, 3 h. de classe, 3 h. 30 de travaux pratiques, 2 h. 30 de repos. Un diplôme supérieur de capacité agricole peut être accordé à la fin de la seconde année après examen.

Le prix de la pension est de 1.000 francs par an (en 1923), payables en deux termes ; des bourses ou fractions de bourses sont accordées aux élèves appartenant à une famille nombreuse. A leur sortie, les meilleurs élèves, qui le demandent, sont placés par les soins de l'Ecole.

Instit. N.-D. de la Forêt, La Mothe-Achard (Vendée).

Ouverte à la fin de 1923, sous le patronage de Mgr l'Evêque de Lyon, de la Société des Agric. de France et du Syndicat de Vendée. Ecole professionnelle agricole du même type que les précédentes.

1. Pour tous renseignements, s'adresser à M. Hyacinthe Belbeoch, ingénieur-agronome, au Nivot, par Lopérec (Finistère).

Ecoles syndicales.

133. Les facilités accordées par la loi syndicale du 12 mars 1920, en fait d'enseignement agricole, ont été, semble-t-il, peu utilisées jusqu'ici. Les avantages sont cependant certains : indépendance vis-à-vis du ministère de l'Instruction publique, latitude dans le choix des programmes et du personnel enseignant. Peut-être a-t-on hésité à entrer dans une voie non encore frayée. Plus probablement, les syndicats qui, en beaucoup d'endroits, manquent des éléments actifs nécessaires, n'auront pas voulu se charger d'une annexe aussi difficile à organiser et à lancer que l'est une école d'agriculture.

134. L'*Ecole des Ponts-de-Cé*, près d'Angers (Maine-et-Loire), fondée par le Syndicat agricole d'Anjou et dirigée par des prêtres, est un des rares établissements qui se soit mis sous le couvert hospitalier de la loi de 1920. Son organisation intérieure offre également plusieurs divergences intéressantes avec les écoles citées jusqu'ici [1].

Les études sont réparties sur deux années, mais les cours ne se donnent que pendant la période d'hiver (début novembre à fin mars). La période d'été est tout entière consacrée aux travaux de l'exploitation ; les fils de cultivateurs, qui peuvent acquérir chez eux la formation pratique, ne sont reçus que durant la première période. Pendant ce temps des cours, les élèves ne sont exercés qu'aux petits travaux d'ateliers, de menuiserie, forge, bourrellerie, vannerie, etc... Une troisième année d'études complémentaires a été établie pour les élèves qui désirent se préparer à l'Ecole supérieure d'Angers, ou se perfectionner et se spécialiser dans certaines branches de l'industrie agricole : élevage, laiterie, horticulture, expertises, etc... Toute facilité est donnée aussi à ceux qui voudraient, durant cette troisième année, accomplir leur stage à l'école même.

L'enseignement s'inspire d'un sage réalisme, aussi défiant d'une science livresque que de la routine. On apprend aux élèves à se tenir en garde contre un esprit excessif d'innovation, à ne pas tout attendre des machines et à faire le plus grand cas des coutumes locales, sanctionnées, généralement, par une longue expérience.

Prix de pension (en 1923) : pour la période d'hiver, 5 mois : cours sans travail à la ferme, 850 francs. — Période d'été, 4 mois : cours avec travail à la ferme, 550 francs.

---

1. L'Ecole est installée durant l'hiver, du 1er nov. au 1er avril, à Angers, Chemin du Colombier, pour les cours théoriques ; durant l'été, du 1er avril au 1er nov., à la Ferme de Pouillé, les Ponts-de-Cé, à 3 kilom. d'Angers : c'est là que les élèves se forment au travail agricole.

Sections agricoles dans les institutions secondaires libres.

135. Ces sections existent dans d'autres pays, nous l'avons dit, notamment en Belgique. Leur création a soulevé chez nous, il y a quelques années, des objections qui ne sont pas sans portée. Un collège se prête assez mal, en effet, à un enseignement qui suppose des conditions souvent difficiles à réaliser : personnel de compétence réelle, collections, champs d'expériences; en outre, cette section n'aura-t-elle pas pour effet de détourner bon nombre d'élèves de la fréquentation des écoles d'agriculture proprement dites, préférables incontestablement à un engagement qui, par sa nature, ne peut pas être franchement professionnel?

L'essai, néanmoins, a été tenté, notamment dans les établissements secondaires libres du Nord et du Pas-de-Calais; il a pleinement réussi. Ces collèges se recrutent en grande partie parmi les fils de cultivateurs aisés de la région. Beaucoup de ces jeunes gens ne veulent recevoir qu'une culture générale sérieuse, sans la pousser toutefois jusqu'au baccalauréat. Les sections agricoles ont précisément pour objet d'adjoindre à cette culture générale si avantageuse la préparation spécialisée à leur future profession d'agriculteur. L'utilité de ces sections agricoles en collèges secondaires de plein exercice sera évidemment moins manifeste le jour où les écoles d'agriculture pratiques se seront multipliées au point de devenir facilement accessibles à tous les fils de cultivateurs. Dans l'état actuel des choses, il apparaît souhaitable que de plus nombreux collèges de province possèdent de pareilles sections.

Collèges libres du Nord et du Pas-de-Calais.

136. Ils sont les premiers à avoir organisé en France des sections exclusivement agricoles. Citons dans le Nord : Collège de l'Assomption, à Bavay ; Collège de Notre-Dame de Grâce, à Cambrai ; Collège Saint-Pierre, à Fourmies ; Collège Notre-Dame, à Saint-Amand ; Institut Notre-Dame, de Valenciennes. Dans le Pas-de-Calais : Institution Sainte-Marie, d'Arras ; Institution Saint-Joseph, à Béthune ; Institution Saint-Vaast, à Fruges ; Institution Saint-Bertulphe, à Montreuil ; Institution Sainte-Austreberthe et Pensionnat Saint-Louis, à Saint-Pol.

Programme. — Le programme d'études spéciales s'étend sur trois années.

La première année, ou cours élémentaire (dénommée 5ᵉ B.), reçoit des élèves de 12 à 13 ans ; la deuxième année, ou cours moyen, de 13 à 14 ans (4ᵉ B.) ; la troisième année, ou cours supérieur, de 14 à 15 ans (3ᵉ B.). Pour passer d'un cours à l'autre il faut subir avec succès l'examen de fin d'année.

Tous les collèges cités suivent un programme uniforme, qui a été établi en 1911 par une commission composée de délégués de la Société des Agriculteurs de France. Un sage réalisme, plus soucieux de donner aux enfants l'habitude de l'observation raisonnée que des connaissances encombrantes, a présidé à sa confection. Voici les matières figurant à l'examen de troisième année (cours supérieur) :

Matières obligatoires : Ecrit. — *a*) Dissertation française sur un sujet du programme, devant permettre d'exposer en style clair, correct et personnel, les idées générales que l'élève a dû acquérir ; — *b*) une ou plusieurs questions ou problèmes d'arithmétique, de système métrique ou de géométrie ; — *c*) une ou plusieurs questions ou problèmes de chimie, de physique, de mécanique ou de géologie ; — *d*) *id*..... de botanique, agrologie, de zoologie ou zootechnie. — *Oral* : interrogations sur les diverses sciences qui ont été l'objet des devoirs écrits, et, en outre, sur les industries agricoles, sur l'hygiène et l'économie domestiques, sur le droit rural.

Matières facultatives : interrogations sur la physique, la botanique, la géologie, l'entomologie.

Les examens sont passés devant un jury forme de professeurs d'agriculture et d'agriculteurs praticiens, presque tous ingénieurs agricoles diplômés et présidents ou membres en vue de syndicats agricoles.

L'enseignement agricole est donné par des spécialistes, dont plusieurs prêtres, qui ont suivi eux-mêmes des cours spéciaux à l'école de Genech. Le livre de cours adopté dans tous ces collèges est le *Manuel d'Agriculture* de T. Genech de la Louvière.

137. D'autres établissements secondaires, dans les diverses régions de France, ont institué ce même enseignement agricole, allant souvent de pair avec des cours commerciaux et industriels. Tels sont : Institution Saint-Joseph, de Lannion (Côtes-du-Nord) autrefois petit séminaire de Tréguier ; Ecole Saint-Joseph, de Dijon, dont la section agricole est dirigée par un ingénieur-agronome ; Institution Saint-Aspais, à Melun (Seine-et-Marne) ; Ecole Saint-Louis, de Montargis (Loiret), où l'enseignement professionnel ne se donne qu'après la 3e ; Ecole de l'Immaculée-Conception, à Flers (Orne), à partir de la 5e ; Ecole Sainte-Croix, Orléans ; Collège libre de Pithiviers, etc.

Ecoles primaires supérieures préparant à l'enseignement professionnel.

138. Ces écoles préparent au certificat d'études primaires, au brevet élémentaire et quelques-unes au brevet supérieur. A côté de l'enseignement général, conforme aux programmes officiels, elles possèdent des cours professionnels destinés à préparer les élèves aux trois branches de l'activité moderne : agriculture, commerce, industrie.

***Ecole moderne de Doullens** (Somme).*

Comprend trois sections distinctes, actuellement florissantes, grâce à la direction de maîtres éclairés.

Les cours de la section agricole durent quatre années. Ils sont menés parallèlement avec les travaux pratiques suivants : 1° cultures expérimentales et expériences démonstratives sur les engrais ; — 2° travaux de forge, de charronnage et de mécanique agricole ; — 3° leçons d'arpentage sur le terrain, avec levés de plans et partages de terrains ; — 4° excursions agricoles chez les meilleurs praticiens de la région et visites aux concours agricoles pour l'étude des animaux (étude des races, estimations, tares, vices rédhibitoires, etc.) ; — 5° visite aux fermes-modèles ; — 6° excursions spéciales pour l'étude des plantes.

***Ecole de Malroy**, par Dammartin-sur-Meuse (Haute-Marne).*

Cette école fut fondée en 1842, grâce au dévouement de M. l'abbé Constant. Depuis longtemps la partie agricole y a été spécialement soignée.

Le cours d'agriculture se divise en deux sections : *a*) un cours d'hiver, de novembre à Pâques, qui se poursuit durant trois années ; — *b*) un cours complet supérieur, d'une durée égale, permettant aux élèves une étude assez approfondie des matières agricoles.

Une ferme de 50 hectares se trouve à côté de l'école ; les élèves y sont exercés aux divers travaux.

Citons d'autres établissements, de date plus récente, qui possèdent également des cours professionnels d'agriculture : Institution Saint-Joseph, au château de Mesnières (Seine-Inférieure), durée des cours agricoles : 3 ans ; Pensionnat Saint-Joseph de Caen, rue des Rosiers ; Institution Saint-Pierre Fourier, à Lunéville (14, rue des Bénédictines), avec cours d'agriculture d'hiver (de novembre à mars), répartis sur deux années ; Ecole Saint-Louis de Gonzague, Brezolles (Eure-et-Loir) ; Institution Imbert, à Moissac (Tarn-et-Gar.) ; Ecole d'Agriculture, à Saint-Aubin d'Aubigné (Ille-et-Vil.), etc.

Cours de mécanique agricole.

139. Quelques institutions libres abritent, pendant l'hiver, des cours de mécanique agricole. Le développement pris, à la ferme, par le machinisme rendra ces cours de plus en plus nécessaires ; on sait, en effet, qu'une machine mal entretenue ou mal conduite se fatigue beaucoup plus vite qu'une autre. Les cours de mécanique agricole ont pour but de former des ouvriers compétents pour la grande culture et de permettre aux cultivateurs plus modestes de devenir leur propre mécanicien.

***Institution Notre-Dame-des-Anges**, de Saint-Amand-les-Eaux (Nord).*

On n'y est pas admis avant 16 ans. Durée des cours : deux ans, pendant les trois mois d'hiver (décembre, janvier, février), à raison de trois leçons par semaine.

L'enseignement est théorique et pratique. Le programme du second degré comprend : épreuve de chimie générale, chimie agricole, minéralogie, machines agricoles, graissage des machines, technologie agricole, électricité, droit pratique. Un examen a lieu à la fin de chaque session, et peut donner droit, à la fin de la 2e année, au diplôme de mécanicien et conducteur de machines.

Les frais sont : droit d'entrée, 20 francs ; rétribution scolaire, 70 francs par mois.

***Collège Saint-Louis**, de Saint-Pol-sur-Ternoise (Pas-de-Calais).*

Ces cours fonctionnent comme à Saint-Amand.

En plus de la mécanique agricole et des travaux d'atelier, le programme comporte la revision des sciences générales (physique, chimie, géométrie), nécessaires à l'intelligence des cours, et quelques conférences d'intérêt immédiat pour le cultivateur.

Rétribution scolaire mensuelle : pour les non-pensionnaires, 60 francs ; demi-pensionnaires, 110 francs ; pensionnaires, 180 francs.

Adresser les demandes de renseignements au Secrétaire général de la Fédération agricole du Pas-de-Calais, 31, boulevard Carnot, Arras, ou à M. le Supérieur du Pensionnat Saint-Louis, à Saint-Pol-sur-Ternoise.

III. — ENSEIGNEMENT PRIMAIRE ET POPULAIRE

a) A l'école.

140. L'enseignement de l'agriculture est inscrit dans le programme des écoles primaires. Nous avons dit plus haut dans quel esprit d'insuffisante estime il est trop souvent donné, quand il est donné. Des associations agricoles, conscientes des suites très regrettables qu'entraînait cette méconnaissance de la profession ont cherché à remettre en honneur cet enseignement trop dédaigné.

L'*Union des syndicats agricoles du Sud-Est* s'est particulièrement consacrée à cette tâche et y a réussi : c'est pourquoi nous exposerons ici ses méthodes, qu'on a, avec quelques variantes, appliquées partout ailleurs. Avec une admirable compréhension des vrais besoins de la classe rurale, la commission supérieure de l'enseignement agricole, ayant à sa tête M. Guinaud, organisa, dès 1890, des leçons d'agriculture à l'école primaire [1]. Et elle a réussi à créer un sérieux mouvement d'opinion : écoles libres et écoles publiques — ces dernières en plus petit nombre — ont accepté le programme qui leur était proposé. Jusqu'en 1922, l'Union a décerné aux élèves des écoles, par le moyen de ses délégués, 22.339 certificats du premier degré (12.125 pour les garçons, 10.214 pour les filles), et 4.689 diplômes du second degré (3.275 pour les garçons, 1.414 pour lés filles). Cet exemple a déterminé d'autres Unions syndicales à entrer dans la même voie, en particulier l'Union du Finistère et celle du Morbihan, en 1912 ; l'Union des Deux-Sèvres ; l'Ecole de Purpan, tout récemment pour le Sud-Ouest ; le Syndicat des Agriculteurs de la Manche [2] ; d'autres suivront, on peut le croire, car l'attention des agriculteurs, de plus en plus attirée sur l'exode alarmant des campagnes, verra, dans la propagande auprès des petits écoliers et de leurs maîtres, un des premiers remèdes au mal qui atteint si cruellement notre pays.

L'Union du Morbihan a institué un concours annuel d'agriculture entre toutes les écoles du département (libres et officielles, ces dernières s'abstenant en fait). En 1923 plus de 400 concurrents ont participé à ce concours. Des efforts méthodiques et très sérieux dans le même sens ont été faits dans la Lozère, sous l'impulsion de M. Ph. de Las Cases.

Organisation.

141. Ces cours sont répartis sur les deux dernières années que les élèves ont à passer à l'école et comportent un enseignement à double degré : le premier degré, sanctionné par le certificat agricole ; le second degré, par un diplôme. La préparation à ces deux degrés est évidemment facultative, et laissée à l'initiative des maîtres. Les instructions nécessaires sont mises à la disposition des directeurs d'école ; pour que les élèves puissent se présenter aux examens des 2 degrés, il suffit que la

1. On peut consulter, pour tout ce qui regarde l'Union du S.-E., la brochure l'*Enseignement agricole à l'Union du S.-E.* (21, rue d'Algérie, Lyon. — 2 francs), qui contient l'historique, les renseignements, règlements et programmes relatifs à leur organisation.

2. Ce dernier syndicat vient d'inscrire sur son budget de 1924 une somme de 6.500 fr., qui sera portée à 7.500 les années suivantes, pour encourager, par des prix en espèces, les efforts des instituteurs et l'application des élèves.

demande en ait été adressée, par déclaration écrite, au délégué régional de l'enseignement du Sud-Est, en l'accompagnant du nom des candidats et des titres personnels du maître.

Programmes.

142. Les programmes sont uniformes pour la région du Sud-Est :

En première année, ils comprennent : des notions générales d'agriculture (l'air, l'eau, les microbes, le sol, les plantes) ; les animaux domestiques ; la viticulture et l'horticulture, et quelques idées sur le rôle et les bienfaits de l'association en agriculture.

La seconde année reprend le même programme, mais plus détaillé ; on y ajoute l'arboriculture, des notions de droit rural et de comptabilité agricole.

Le manuel recommandé pour les garçons est le *Cours moyen d'agriculture et de zootechnie*. par F.-G.-M. (11 francs, *franco*, aux bureaux de l'Union).

Dans certains départements, le maître reçoit tous les mois, par l'intermédiaire d'un journal ou d'un bulletin, les questions à faire étudier par les élèves. Dans la Lozère, le journal agricole, *Le Soc*, publie trois questions ; dans le Loiret, c'est le *Bulletin diocésain de la Jeunesse catholique* qui apporte l'indication des leçons à apprendre et des devoirs à traiter ; l'*Union des Alpes et de la Provence* envoie une « feuille mensuelle ».

La section d'enseignement de l'Union du S.-E. a prévu aussi, pour chaque mois, à côté de l'enseignement scolaire, un programme d'excursions agricoles et de démonstrations que le maître peut modifier selon les facilités de temps et de lieux. En principe, ce programme comprend : la visite d'une ferme, de son bétail, des installations mécaniques, etc... ; l'assistance aux divers travaux de culture, labours, ensemencements, drainage, épandage des engrais, fumures, récolte, ensilage, etc... ; enfin les soins principaux d'une laiterie, basse-cour, jardin, vigne... L'examen oral permet de s'assurer si ces visites ont été faites avec fruit.

Examens.

143. Ils ont lieu à la fin de la saison, généralement en avril ou en mai, et comportent un écrit et un oral.

Pour le *certificat agricole*, l'écrit se passe dans l'école même, sous le contrôle d'une commission locale. Il comporte trois questions d'agriculture et un problème d'arithmétique appliqué à l'agriculture, de difficulté équivalente à ce qui est demandé pour le certificat officiel d'études primaires. Les élèves admissibles vont subir l'examen oral dans le centre désigné par le délégué régional. Les interrogations durent six minutes environ par matière ; il est tenu grand compte des réponses dénotant chez l'élève un certain esprit d'observation.

L'*examen du second degré* a lieu le matin, ordinairement au chef-lieu de canton, dans un local choisi par le syndicat ou le délégué départemental. L'écrit comprend une rédaction sur des sujets agricoles (3 sujets au choix sur 5 proposés) et deux problèmes appliqués à l'agriculture. La durée totale des épreuves est de trois heures. Si les copies ont pu être corrigées à temps, l'oral est subi dans l'après-midi, devant un jury désigné par la Commission supérieure et comprenant généralement un de ses délégués.

Récompenses. — Des récompenses sont décernées aux élèves classés premiers sur la liste générale des diplômés du second degré. Chaque année aussi des bourses pour les écoles pratiques d'agriculture (école de Limonest ou Etienne-Gautier) sont attribuées, après un nouveau concours, aux élèves qui ont réussi le plus brillamment leur examen du second degré.

Pour stimuler l'ardeur des maîtres, la Commission supérieure se réserve d'accorder à chacun des récompenses spéciales, en tenant compte : 1° de la proportion entre les élèves diplômés et ceux qui fréquentent l'école ; 2° de leurs travaux et titres personnels. Des cours sont donnés aux maîtres pendant les vacances, à l'Ecole normale libre Gerson ; des professeurs envoyés par l'Union du Sud-Est les préparent à cet enseignement.

b) Hors de l'école.

144. On sait quel vigoureux effort est fait, depuis le vote de la loi Astier sur l'enseignement technique, pour remédier à la crise de l'apprentissage. L'Etat d'une part, les initiatives privées de l'autre (associations d'industriels ou de commerçants, grosses firmes industrielles, chambres de commerce, etc.), ouvrent ou patronnent cours professionnels, écoles techniques et d'apprentissage, qui recueillent le jeune écolier à la sortie de l'école primaire et le préparent méthodiquement, parallèlement à son travail d'atelier ou de bureau, à exceller dans le métier choisi. Mais tout cela en ville, pour les citadins, au bénéfice de l'industrie et du commerce, et fréquemment au détriment de l'agriculture dont on capte les meilleurs sujets. D'autre part, nous avons dit plus haut l'échec presque entier de l'enseignement postscolaire agricole, la maigre extension, à cette heure encore, des écoles pratiques d'agriculture, tant publiques que libres, et des cours saisonniers. Et cependant il importe souverainement, si l'on veut sauver la profession agricole, améliorer son rendement et ses bénéfices, de préparer à temps les jeunes agriculteurs, en leur procurant entre l'école primaire et la caserne un apprentissage méthodique et rationnel. L'élève ne venant pas à l'école, c'est l'école qui, de quelque façon, va à lui sous la forme de cours par correspondance, de cercles d'études ruraux, de journées et semaines rurales, etc. Ainsi est complétée la formation empirique du jeune homme trop souvent insuffisante, sur l'exploitation paternelle.

Cours par correspondance.

145. L'initiative de ces cours revient au secrétariat de l'Union des syndicats agricoles du Sud-Est. Intelligemment, il fit à l'enseignement agricole l'application de méthodes déjà employées par des entreprises privées pour la préparation à d'autres écoles administratives et techniques. Ces cours ont pris, depuis la guerre, un développement des plus encourageants : ils témoignent d'un vif désir de s'instruire chez une élite rurale. Durant l'année scolaire 1922-1923, plus de cinq cents jeunes abonnés ont envoyé régulièrement leur devoir mensuel au secrétariat de l'Union du Sud-Est pour correction. Ces cours ont été organisés depuis par d'autres groupements syndicaux ou même par des Écoles d'agriculture. Il y aurait, au début de 1924, près d'une vingtaine de centres d'enseignement de ce genre en France, d'ailleurs d'importance inégale. En plus du Centre du Sud-Est (21, rue d'Algérie, Lyon), signalons ceux organisés par l'Union syndicale de Bourgogne et de Franche-Comté, l'Union des Alpes et de Provence, l'Union de Normandie, les Écoles de Purpan et de la Félicité, l'École secondaire à section agricole de Flers-de-l'Orne, le Collège Saint-Joseph de Bressuire, ceux dirigés par M. l'abbé Noël, Orléans 19, rue du Colombier, etc.

Fonctionnement. — Les cours par correspondance[1] s'adressent soit à de jeunes agriculteurs isolés, désireux d'être aidés dans leur étude des questions agricoles, soit de préférence à des groupes préexistants, de jeunesse catholique souvent, patronages de campagne, cercles d'études ruraux, mutuelles. L'avantage de cette étude par groupes est de procurer aux jeunes gens la direction d'un *moniteur*, qui peut être le vicaire ou le curé de la paroisse. Le rôle de moniteur n'exige nullement une compétence spéciale : son action consiste avant tout à coordonner les efforts communs, et, dans la mesure de ses connaissances seulement, à conseiller. A l'occasion, il pourra demander le concours d'agriculteurs avisés qui se chargeront volontiers d'expliquer les questions non comprises et de faire les démonstrations utiles. Il est très désirable, d'ailleurs, que le syndicat agricole local, dont la fonction ne doit pas être purement économique, s'intéresse à eux et mette à leur disposition les

1. L'École universelle par correspondance, 59, boulevard Exelmans, Paris, XVIe, prépare les jeunes gens qui ne peuvent pas suivre l'enseignement des Écoles d'agriculture aux diplômes d'ingénieur et de sous-ingénieur d'exploitation agricole. Les programmes et conditions d'abonnement sont indiqués dans une brochure explicative qui est envoyée sur simple demande.

moyens utiles à leur travail, comme champs d'expériences, petits instruments de laboratoire, bibliothèque etc..

Une « feuille mensuelle » reçue par tous les inscrits, directement ou par l'intermédiaire du « moniteur », indique au fur et à mesure le travail à faire. Ce travail comporte l'étude de divers passages d'un Manuel d'agriculture déterminé, quelque visite à un établissement agricole, parfois des expériences personnelles, enfin une rédaction et des problèmes. Les copies envoyées chaque mois au secrétariat des Cours sont retournées corrigées; en outre, une feuille mensuelle servie à tous les abonnés fait connaître ultérieurement les critiques d'ordre général et publie les meilleurs devoirs.

Les cours sont répartis sur deux ans ou bien trois ans comme à Purpan ; ils sont les mêmes pour tous et peuvent être commencés indifféremment une année ou l'autre. A la fin de ces deux années, un examen peut être passé devant un jury recruté parmi les dirigeants de syndicats ; sa réussite donne droit à un brevet d'études pratiques agricoles.

Correction des copies. — Elle présente des difficultés, avec des moyens financiers restreints, ce qui est le cas ordinaire. Il s'agit, en effet, de recruter des bonnes volontés, à la fois assez compétentes et libres de leur temps pour accepter le rôle ingrat de correcteurs de copies, surtout lorsque celles-ci arrivent par centaines à de courts intervalles. On y arrive, en particulier, grâce au concours des Ecoles d'agriculture, des états-majors (dirigeants et employés supérieurs) des Fédérations agricoles.

Signalons l'ingénieux système de l'Ecole d'agriculture de Purpan. La correction y est faite en partie par les « curés moniteurs »; ceux-ci se réunissent une fois par mois à l'Ecole ; une conférence donnée le matin sur le sujet traité les prépare à leur tâche ; un déjeuner suit, puis les correcteurs, auxquels veulent bien s'adjoindre quelques jeunes gens et des anciens élèves de Purpan, se mettent à la besogne. Le travail se trouve ainsi allègrement enlevé. Ce système, outre sa rapidité, a le grand avantage de mettre un certain nombre de moniteurs en contact avec un centre d'études agricoles. En plus des copies mensuelles, la même Ecole de Purpan impose à tous les élèves du Cours la préparation d'une petite collection agricole pour la 1re année, la tenue d'un carnet de ferme durant la 2e et une monographie du domaine exploité à la fin de la 3e année [1].

Frais. — On s'est ingénié à réduire au minimum le coût de l'abonnement (frais d'impression et de poste).

1. Dans le « cahier de ferme » dont il est question, l'élève consigne chaque jour les travaux exécutés sur sa propriété, en commente brièvement l'ensemble à la fin de la semaine, y joint ses propres observations sur la valeur des méthodes, les difficultés rencontrées, les modifications à faire, etc. Le cahier est transmis trois fois par an aux correcteurs. Il oblige à voir, à réfléchir, à se contrôler. Les résultats obtenus sont des plus encourageants.

A l'Union du Sud-Est (21, rue d'Algérie, Lyon), le droit d'inscription est de 10 fr. par an, avec réduction à 8 fr. pour les listes des groupes de 5 à 9 membres et à 6 fr. pour les listes de 10 et davantage. Ailleurs (à l'Ecole de Purpan, Toulouse) on a essayé, du moins provisoirement, de faire gratuitement l'envoi du bulletin mensuel.

Résultats. — Les cours par correspondance n'ont pas seulement pour effet d'apporter une somme de connaissances positives déjà très appréciable, mais ils excitent encore la curiosité dans les campagnes, y éveillent les esprits, secouent la routine satisfaite. L'expérience a montré, en effet, que le jeune homme accoudé sur la grande table de la ferme, à la recherche des explications demandées, ne travaillait pas longtemps seul. Il interroge autour de lui, et bientôt toute la maison participe à ses recherches. Peu à peu, ainsi, de précieuses indications pour l'hygiène, la culture, les soins du bétail, se vulgarisent, permettant à la science de pénétrer, sous une forme simple, jusqu'au fond des campagnes.

Semaines rurales [1].

146. Les Semaines rurales s'apparentent d'assez près, et par leur nom et par leur objet général, avec les Semaines sociales de France. Simplement ici l'auditoire est plus restreint et très défini ; mais, du coup, la Semaine s'accommodera à lui exactement. Ni retraite fermée d'agriculteurs, ni congrès d'études purement techniques et de métier, la Semaine tient pourtant un peu des deux : elle fait large place aux exposés techniques, à l'étude proprement dite ; réserve quelques heures les meilleures à la piété, à l'enseignement religieux et moral ; en plus, et c'est cela qui, proprement, la caractérise, elle s'efforce de pénétrer la jeune élite qu'elle groupe, les chefs de demain, d'un véritable esprit social chrétien. Ce que les Journées d'Œuvres et Congrès catholiques font pour la formation, la propagande et l'organisation religieuses, elle travaille à le faire dans l'ordre professionnel, chez les agriculteurs, en pleine conformité avec les enseignements de la doctrine sociale catholique.

La première Semaine fut organisée en 1911, dans la région lyonnaise, par la Chronique sociale de France en accord avec l'Union syndicale du Sud-Est. D'autres suivirent ; la guerre les interrompit. On put les reprendre en 1917. Mais c'est l'après-guerre surtout qui a vu leur extension. Lyon d'une part, Toulouse de l'autre, par son centre très actif de l'Ecole de Purpan, firent surgir, par leur exemple et leur concours, de nombreux

1. Voir *Dossiers*, 10 juin 1921.

imitateurs. En 1922 était créé à Paris, au siège même de l'Union centrale des Syndicats agricoles, 8, rue d'Athènes, une Commission nationale des Semaines rurales. Nous donnons, ci-dessous, la liste des Semaines les plus importantes tenues pendant la seule année 1923 jusqu'à ces derniers mois.

Rennes (11-14 janvier); Bressuire (1-4 février); Nancy (7-11 février); Flers-de-l'Orne (3-5 avril); Limonest, près Lyon (5-8 avril); Bourg-en-Bresse, 4e session — les 3 précédentes à la Trappe de N.-D. des Dombes (5-8 avril); La Roche-sur-Foron (Hte-Savoie) (13-15 avril); Lesneven (Finistère) (15-17 juin); Mende (Lozère) (juin); Avranches (19-21 juillet); Voiron (Isère) (23-26 août); St-Just-sur-Loire (Loire) (20-22 sept.); Ploërmel (Morbihan) (sept.); Lannion (18-21 octobre); Louhans (S.-et-Loire) (22-25 novembre); La Rivette, près Lyon (13-16 décembre); Fourmies (Nord) (3-6 janvier 1924); Nancy (7-10 février); Bourg-en-Bresse, 5e session (13-16 mars); Cruseilles (Hte-Savoie) (21-23 mars), Sarlat (Dordogne) (20-25 mars); St-Pierre Eglise (Manche) (24-27 avril), etc... [1].

Organisation. — Les semainiers se recrutent ordinairement parmi les groupes ruraux de l'A. C. J. F., les Cercles d'études, et l'élite des jeunes dirigeants syndicaux. La Semaine est faite avant tout pour les jeunes.

Durée : trois jours pleins au moins; le plus souvent quatre; parfois cinq.

Epoque : le moment le plus favorable est la saison où les travaux des champs chôment un peu : l'hiver surtout, jusqu'en mars.

Lieu : une maison de retraites, un collège en vacances, une école d'agriculture, un monastère même peuvent être facilement utilisés et aider à créer l'ambiance religieuse favorable au travail sérieux et à l'intimité cordiale.

Grâce à cette facilité de logement et de pension, les frais peuvent être réduits au minimum. Il est souvent possible d'obtenir une subvention d'un syndicat ou d'une caisse rurale. Tout cela est affaire de mise au point sur place; après les tâtonnements possibles d'une première expérience on est au courant. Il peut y avoir profit, dans les débuts, d'inviter les semainiers à laisser par écrit leurs impressions de Semaine et leurs desiderata.

Enseignement. — Habituellement sont donnés, chaque jour, trois cours proprement dits, pas plus, non compris la visite ou leçon de choses et la séance en fin de soirée. Ces cours portent sur des sujets techniques ou sociaux.

1. Il n'est question ici que de Semaines rurales pour jeunes gens. Il convient de signaler que, pour les jeunes filles, ont été organisées également depuis trois années des Semaines rurales féminines. C'est la direction de l'Ecole supérieure de Purpan qui a eu le mérite de cette initiative. L'organisation matérielle de ces Semaines se rapproche très sensiblement de celle des précédentes ; le programme est autre évidemment : il vise à former la ménagère rurale. A ce titre, elles seront présentées dans l'étude que nous espérons faire paraître sur l'Enseignement ménager.

— Les cours *techniques* prédominent largement. Ils sont donnés, autant que possible, par des praticiens du pays, dont la compétence est avérée ; ils se rapportent, de préférence, aux productions du pays, tiennent compte des conditions locales et des besoins spéciaux.

— Les cours *sociaux*, moins nombreux, sont, dans la pensée des fondateurs des Semaines et de la Commission nationale qui les suscite et anime, d'une importance plus grande encore, car ils tendent à former une élite sociale capable de prendre en mains la direction des associations agricoles diverses. Ces cours s'inspirent de la doctrine sociale catholique. Ils portent, par exemple, sur l'organisation professionnelle, le syndicalisme agricole, la mutualité, la coopération, etc. Ils ne sont jamais mieux donnés, ni avec plus de fruit, que par des praticiens de l'action sociale, si possible, de la région même. A leur contact naît, chez les jeunes, le désir de se dévouer à leur tour, et leur expérience les guide.

On tend, généralement, à faire coïncider la journée de clôture de la Semaine avec une réunion générale, congrès ou fête, des associations agricoles de la région. A cela, profit mutuel.

Méthode. — Pour permettre aux auditeurs de suivre plus aisément les cours et de prendre des notes, il est bon de leur en donner d'avance le plan polycopié, ou de l'écrire au tableau noir. Des indications bibliographiques de bonne vulgarisation seront jointes à chaque cours. Après quoi, immédiatement, peut venir un échange d'idées. Ce n'est pas la partie la moins formatrice ni la moins intéressante de la journée.

Compléments des cours : 1) au début des après-midi, on intercale ordinairement une leçon de choses, par exemple visite d'une ferme-modèle, d'une laiterie, d'une machine agricole, d'un produit représentatif de l'élevage local... Dans ces visites, il s'agit moins de montrer beaucoup de choses que d'apprendre à regarder. Le commentaire d'un homme du métier est indispensable ; — 2) après le repas du soir, habituellement une réunion familiale récréative : chants ruraux, projections, films éducateurs, etc., qui porteront à aimer la campagne, la maison rurale, le foyer et le clocher de la petite patrie, bref aideront à mieux sentir et goûter la noblesse et la beauté de la vie agricole.

Ces compléments nécessaires des cours ne sont pas la partie du programme la plus facile à organiser.

Programme religieux. — Le prêtre a sa place marquée dans les Semaines rurales : à lui revient de donner l'enseignement moral, d'exposer les grandes lignes de la doctrine sociale catholique, de préparer l'action apostolique future des semainiers, tant dans leur famille que dans leur commune et leur paroisse.

Une instruction par jour au moins, à la messe du matin, est réservée à cet enseignement.

La journée de clôture a souvent l'allure d'un petit congrès ; on y invite les anciens semainiers et les familles de ceux qui sont présents. Dans le Sud-Ouest, la semaine va du mercredi au mardi. Les parents des semainiers sont invités le dimanche ; le mardi, jour de clôture, leurs curés. Excellent moyen de gagner à la Semaine des sympathies agissantes.

Après les Semaines, il convient d'en assurer le profit et d'en prolonger l'action. La participation des semainiers aux Cours par correspondance est tout indiquée. Pareillement, leur entrée dans un Cercle d'études rural, au besoin fondé par eux, pour y poursuivre leur formation professionnelle, sociale, civique et s'y préparer à l'action. Cercle qui devrait avoir sa petite bibliothèque choisie, chacun la complétant par achats personnels, abonnement à un bulletin ou journal professionnel, à une bibliothèque circulante ou prêt-revues, etc.

Journées rurales [1].

147. Il n'est pas possible partout d'organiser immédiatement une Semaine rurale : l'opinion doit y être préparée. Et même si elle a pu être tenue avec succès, beaucoup, prisonniers chez eux de leur travail, ou arrêtés par la distance, n'ont pu y participer. Dans les deux cas on prépare la Semaine ou on étend son action par des Journées rurales. Elles se recrutent dans un rayon géographique restreint, mais peuvent être multipliées trois et quatre fois par an. Comme leur nom l'indique, elles ne durent qu'un jour ; en général deux séances de travail, l'une à dix heures, que suit la messe avec une allocution, puis un modeste banquet et une seconde séance l'après-midi. Moins des cours que des exposés précis, pratiques, très concrets. Et là aussi, l'étude pour l'action.

Habituellement, l'organisation de ces journées procède d'un comité qui s'est constitué « ad hoc » et qui comprend des personnalités en vue de l'action sociale et professionnelle : par exemple président d'un syndicat, d'un secrétariat social, directeur d'une école d'agriculture, directeur d'œuvres diocésaines, etc.

L'Union catholique de la France agricole (175, boulevard Saint-Germain, Paris, VIe) s'occupe activement, pour sa part,

1. Voir *Dossiers*, 25 mai 1922 : Les Journées rurales. En plusieurs régions on a donné le titre de Journées rurales à des réunions, de deux et trois jours successifs, d'un même auditoire, qui étaient en fait des Semaines rurales.

soit par son Comité directeur, soit par ses comités diocésains, de faire organiser un peu partout des Journées rurales. Grâce à elle, 35 environ ont été tenues en 1923.

Cercles d'études ruraux.

148. Sous leur forme modeste et souple, ces groupements ont bien servi la cause des campagnes.

Le C. E., on l'a dit, « n'est ni un cours, ni une conférence, ni une parlotte qui n'aboutit pas ; c'est un petit groupe qui a pour but la formation d'une élite en vue d'une action religieuse, sociale, professionnelle et civique, par le travail personnel et la formation personnelle ».

Le fonctionnement d'un C. E. est bien connu, et nous n'avons pas à y insister. Faisons seulement remarquer : 1) que le point de vue agricole professionnel trouve normalement sa place ici ; 2) qu'à la campagne le C. E. doit revêtir un caractère de très grande simplicité : conçu de façon tant soit peu académique ou même d'allure trop scolaire il rebuterait pareillement. En outre, les ruraux sont réalistes et se défient des mots ; ils aiment qu'on leur parle de ce qui les touche, de ce qu'ils connaissent et qui sert leurs intérêts [1].

IV. — STAGES ET STAGIAIRES

149. Le jeune élève sort de l'Ecole sa première formation agricole achevée, — et l'on a vu que celle-ci peut être extrêmement variable d'après le type d'enseignement, supérieur ou moyen, d'après les méthodes employées et les programmes suivis, d'après le temps qui lui a été consacré. A ce moment-là, le stage lui offrira un complément d'initiation pratique, dont personne ne met en doute l'utilité : il l'aidera à devenir un praticien plus compétent, plus expérimenté, et surtout un dirigeant, un chef. Pour beaucoup, sortis de familles d'agriculteurs, les leçons paternelles peuvent suffire, si elles ont la compétence voulue et si l'exploitation paternelle s'y prête ; et cependant même alors, une direction étrangère, hors du milieu familial, peut être théoriquement préférable ; pour ceux qui n'appartiennent pas à une famille d'agriculteurs, le stage paraît d'une utilité qui confine à la nécessité, et cela d'autant plus

1. Voir *Dossiers*, 25 nov. 1922 : Pour le C. d'Et. rural. — Voir broch. n° 5 : *Conseils à nos Cercles d'Etudes.*

que la formation à l'Ecole aura été plus courte, ou qu'un enseignement plus théorique qu'appliqué y aura prévalu. Mais encore faut-il que le stage se fasse dans les conditions voulues : de compétence et de grand dévouement, constamment en éveil, chez le propriétaire, de docilité, d'énergie, d'application chez l'élève.

Or, il apparaît bien, expérience faite, que ces conditions ne sont pas toujours aisément remplies. En fait, beaucoup de propriétaires hésitent et se refusent à recevoir des stagiaires, malgré la crise trop certaine de main-d'œuvre : ils craignent de les trouver encombrants, apportant plus d'ennuis que d'aide réelle, gênant la vie de famille. D'autre part, le stagiaire mis à l'épreuve de besognes fatigantes ou monotones, de contacts parfois peu intéressants ou peu sympathiques avec les ouvriers, et aussi parfois d'un certain isolement moral, risque de se décourager. On voit les difficultés.

Elles sont tournées ou réduites assez souvent, grâce aux relations entre familles. D'autre part, les Ecoles d'agriculture (Beauvais, Angers, Purpan, la Félicité, pour ne citer que celles-là et dans l'enseignement libre) s'occupent activement de fournir, à leurs élèves sortants, des stages chez leurs Anciens. Mais on ne voit pas qu'on ait jusqu'à présent, en France, essayé suffisamment de coordonner les efforts pour améliorer la situation : ç'a été, en somme, trop le règne de l'empirisme individuel, tant des personnes que des Ecoles. Il serait à souhaiter que les grandes associations agricoles, la puissante Union centrale des Syndicats agricoles en particulier, organisent une sorte d'agence sérieuse qui mettrait en rapports les demandes et les offres [1].

150. A ce manque de stages-types, où le jeune débutant, vivant d'une vie d'associé, de confident, d'auxiliaire du propriétaire, trouverait dans ces relations étroites une solide formation technique, et, nous le supposons, toutes les garanties morales, on peut suppléer en partie : en développant dans les écoles mêmes d'agriculture les travaux pratiques, quitte pour cela à prolonger, s'il le faut, d'un an la durée des cours, ou

---

1. Le *Journal d'Agriculture pratique* du 3 sept. 1921 signalait l'initiative d'un agriculteur de l'Oise, M. Ancellin, à Cuvergnon, par Betz, qui, grand exploitant, a aménagé dans une petite ferme, à 500 mètres de sa maison, quelques chambres pour stagiaires. Ils y sont nourris, moyennant rétribution mensuelle, par la femme d'un employé. Un téléphone les relie au propriétaire. Celui-ci les aide de ses conseils, dirige leurs lectures, leur donne sur le terrain l'enseignement pratique. Une organisation semblable fonctionne chez M. Boullenger, à Moyenneville (Oise).

encore en ouvrant des centres ou écoles stagiaires. Signalons ici une initiative intéressante.

L'Ecole d'agriculture du Syndicat d'Anjou installée aux Ponts-de-Cé (M.-et-Loire), a fondé pour ses élèves sortants, qui ne sont pas fils d'agriculteurs, un centre de stage au domaine du Prieuré, par Gennes (M.-et-Loire). La direction de l'Ecole a constaté que ses jeunes élèves (16 à 17 ans) placés dans des stages y sont souvent laissés trop à eux-mêmes, sans surveillance morale suffisante ; que souvent on les y traite trop en « amis », sans les pousser assez au travail, ou, au rebours, qu'on les traite trop en ouvriers agricoles, cherchant à tirer parti de leur travail plutôt qu'à les former. Le centre du Prieuré doit remédier à ces inconvénients. C'est un domaine de 86 hectares (grande culture, viticulture, culture grainière, bois). Un chef de culture dirige l'exploitation, mais à côté de lui un surveillant moral veille sur la discipline et la conduite des stagiaires, et tient pour eux pension de famille. Les élèves travaillent toute la journée comme des ouvriers, dans tous les emplois, sous la conduite du chef de culture; en dehors des heures de travail, ils sont soumis à la direction du surveillant moral [1].

1. Pour renseignements sur le Centre de stages, s'adresser à M. le Supérieur de l'École d'agriculture du Syndicat d'Anjou, Ponts-de-Cé (M.-et-Loire), ou bien Angeas, Chemin du Colombier.

BIBLIOTHÈQUE NATIONALE IMPRIMÉS

PUBLICATIONS DE L'

ACTION POPULAIRE

Rédaction : **15, rue de Paris, VANVES (Seine).**
Téléph. : Ségur, 69-65.
Administration :
« **ÉDITIONS SPES », 17, rue Soufflot, PARIS (5e).**
Téléph. : Gob., 61-56. R. C. Seine 210.221 B
Chèques postaux : Paris 525-52.

☞ ***Un Manuel pratique.***

Le « bon Guide », vivant,
qui ne vieillira pas...

LA PRATIQUE SOCIALE

Souscription par série de 500 pages : France 15 fr., Etranger 18 fr.

LA PRATIQUE SOCIALE, refonte de notre **Manuel Social Pratique,** qui fut accueilli avec tant de faveur avant guerre, paraît par fascicules distincts, d'importance variable suivant le sujet traité ; cette distribution en fascicules indépendants permet de tenir continuellement à jour les exposés, à mesure que se modifient la pratique et la législation. Grâce à une **Reliure-Classeur spéciale,** il est aisé de grouper ces fascicules en un élégant volume. (**5 francs** *franco ;* **4 francs** seulement pour ceux qui en font la demande **en même temps** qu'ils envoient leur souscription à une série de 500 pages).

Les fascicules de la **Pratique Sociale** *se vendent séparément au prix de* **0** *fr.* **50** *les 16 pages.*

Fascicules parus :

1re Série de 500 pages (exactement 516 pages) :

I. — **Les Œuvres sociales.** — 24 pages : **1** fr., *franco* **1** fr. **10.**
II. — **LE SYNDICAT AGRICOLE.** — 80 pages : **2** fr. **50**, *franco* **2** fr. **75.**
III. — **Les Habitations à bon marché.** — 80 pages : **2** fr. **50**, *franco* **2** fr. **75.**
IV. — **Le Jardin Ouvrier.** — 32 pages : **1** fr., *franco* **1** fr. **10.**
V. — **Les Sociétés de Secours mutuels.** — 76 pages : **2** fr. **50**, *franco* **2** fr. **75.**
VI. — *Loi du 5 décembre 1922* codifiant la législation sur les **Habitations à bon marché.** — 36 pages : **1** fr. **50**, *franco* **1** fr. **65.**
VII. — **Les Caisses dotales.** — 56 pages : **2** fr., *franco* **2** fr. **20.**
VIII. — **La Coopération de crédit.** — 40 pages : **1** fr. **50**, *fro* **1** fr. **65.**
IX. — **LA COOPÉRATION DE CRÉDIT AGRICOLE.** — 92 pages : **3** fr., *franco* **3** fr. **30.**

2e Série de 500 pages :

X. — **L'ENSEIGNEMENT PROFESSIONNEL AGRICOLE.** 92 pages : **3** fr., *franco* **3** fr. **30.**
XI. — **LES ASSURANCES-ACCIDENTS EN AGRICULTURE** (*Loi du 15 décembre 1922*), ***pour paraître prochainement.***

Quelques Publications de l'Action Populaire pour les Agriculteurs

Brochures jaunes à 1 franc franco.

5. **Quelques conseils à nos Cercles d'études.** Le Cercle d'Etudes rural.
6. Louis BARDE. — **Vers le Socialisme agraire.** Le mouvement social dans nos campagnes. La bataille pour le paysan.
30. Jean HACHIN. — **Ce que tout agriculteur doit savoir sur les nouveaux impôts directs.**
36. P. DE LA ROCHEFOUCAULD. — **Le Comité d'Initiative rurale.** Un programme et un bilan d'action rurale.
38. René DELAIR. — **Petits produits, gros profits.** *Les revenus d'appoint.* — La récolte des plantes médicinales. — Elevage du lapin et de la chèvre. — Notre miel.
40. **Problèmes ruraux.** — La petite et la grande propriété. — Le Syndicat agricole. — L'armature de la France paysanne. — La Confédération internationale des Syndicats agricoles, etc.
52. **La Mutualité agricole.** Mutuelle-bétail et Mutuelle-incendie. — Crédit agricole mutuel. — La loi nouvelle sur les Sociétés de secours mutuels.
67. Comité d'Initiative Rurale : **L'Organisation professionnelle agricole.** (*Rapports présentés aux réunions du Comité d'Initiative rurale.*)

    Fascicule I : La doctrine sociale et les cadres généraux de l'Organisation professionnelle agricole. — La législation syndicale et le syndicat agricole communal. — La Coopérative agricole.

    Fascicule II : Le Trust du blé. — Comment intéresser le grand propriétaire rural à l'exploitation agricole. — Les différents modes d'exploitation agricole. — L'assurance contre l'incendie. — Le cheval de pur sang.
84. **Les Socialistes au pouvoir respecteront-ils la petite propriété paysanne ?** Recueil des textes les plus caractéristiques des porte-paroles du socialisme, très utile pour démasquer leur tactique opportuniste d'à présent.
87. R. P. BRUCCULERI. — **Le Problème du « Latifondo »,** en Italie.

TRACTS

L'exemplaire : **0** fr. **15** *franco.*

Tracts de 2 pages : 10 ex., **0** fr. **80.** — 100 ex., **5** fr. **50.** — 500 ex., **24** fr. **75.** — 1000 ex., **44** fr. *franco.*

Tracts de 4 pages : 10 ex., **1** fr. **10.** — 100 ex., **8** fr. 25. — 500 ex., **38** fr. **50.** — 1000 ex., **66** fr. *franco.*

1. **La France veut vivre.** — La dépopulation. — Le mal : ses conséquences économiques et morales. — Causes. — Remèdes. 200ᵉ *mille.* (*4 pages.*)
3. **Economiser... Produire** — *Pourquoi ? Comment ?* 80ᵉ *mille.* (*4 pages.*)
15. **Cultivateurs, ouvrons l'œil !..** Contre la propagande socialiste dans les campagnes. (*4 pages.*)
21. **Si on s'entendait...** pour promouvoir les groupements d'hommes. 50ᵉ *mille.* (*4 pages.*)
24. **Petit code des Familles nombreuses.** Etude des lois qui protègent ou avantagent les familles. 40ᵉ *mille.* (*4 pages.*)
43. **Restez chez vous !** contre la désertion des campages. (*2 pages.*)

Ces **Brochures jaunes** (sauf le nº 6) et ces **Tracts** ont paru dans les **DOSSIERS DE L'ACTION POPULAIRE.**

Une Revue d'Information et de Documentation
sociales, religieuses et techniques

LES DOSSIERS de L'ACTION POPULAIRE

CE QU'ILS SONT...

Une série d'articles que l'on peut classer logiquement.

Les « **Dossiers** » **de l'Action Populaire** paraissent le 10 et le 25 de chaque mois, en livraisons de 2, 3 ou 4 cahiers de 16 pages chacun, suivant l'édition choisie par l'abonné. Ils sont composés d'articles, de plans, de tracts, etc., sérieusement documentés sur les sujets les plus variés.

Chaque article est indépendant ; il se détache pour former feuillet ou fascicule séparé et peut donc se classer selon un ordre logique. Ce classement est facilité par nos fiches de carton, dont chacune porte un titre et des subdivisions, sous lesquelles sont répartis méthodiquement tous les sujets traités. (Les 10 fiches carton fort : **2** fr. **75** *franco ;* étranger, **3** fr. — Boîte-fichier pour classement : **6** fr. *franco ; cette boîte ne peut être envoyée outre-mer.*)

L'édition complète (couverture verte) comprend 4 cahiers de 16 p.

Dossier général.

Dossier moral et religieux.

Dossier industriel et **agricole.**

Supplément international ou documentaire.

Abonnem' à l'édition complète : 1 an : **35** fr. (étranger : **42** fr. **50**)

Sans supplément 1 an : **25** fr. (» **32** fr. **50**)

Les agriculteurs pourraient s'abonner à l'édition spéciale *(couverture aurore)* comprenant seulement le **Dossier général** et le **Dossier industriel** et **agricole.**

1 an : **15** fr. (étranger : **22** fr. **50**).

avec le supplément international et documentaire (**25** fr. et **32** fr. **50**)

Ils y trouveront un grand nombre d'articles écrits spécialement pour eux. Quelques-uns de ces **articles tirés à part** sont **en vente séparément** (4 p. : 0 fr. 15 ; 8 p. : 0 fr. 25 ; 16 p. : 0 fr. 50) ; *grosses réductions* par quantités *pour la propagande.*

Que faire faire à un groupe d'hommes dans une paroisse rurale (12 p.) ?

Les semaines rurales (6 p.).

Le relèvement de notre industrie sucrière (16 p.).

La laiterie coopérative de Noyant (6 p.).

La politique du blé (8 p.).

Logement et couchage des ouvriers agricoles (8 p.).

La plus-value du cheptel de fer (4 p.).

Pourquoi la viande chère ? le marché de la Villette (12 p.).

L'indemnité de plus-value au fermier sortant (8 p.).

L'enseignement agricole libre dans la région du Nord (4 p.).

L'école agricole et ménagère de Belleville (4 p.).

L'enseignement agricole par correspondance (4 p.), *etc., etc.*

Demandez aux **Editions Spes, 17, rue Soufflot, Paris (5e),** *un spécimen gratuit* des **Dossiers de l'Action Populaire.**

Agriculteurs

Demandez à votre libraire

ou aux « EDITIONS SPES », 17, rue Soufflot, Paris, 5e.

SAMUEL DE LESTAPIS. — **Notions élémentaires d'organisation professionnelle agricole.** — Un vol. de 216 pages : **5** fr.; **5** fr. **50** *franco*.

Avant-propos : La formation de l'élite rurale. — I. Les syndicats agricoles. — II. L'Assurance dans le domaine agricole. — III. L'épargne. — IV. La coopération en agriculture. — Monographies agricoles. — VI. Les principales lois agricoles.

HENRI BRUN. — *« Memento du cultivateur » :* **Causeries agricoles** *sur les principaux objets intéressant une exploitation agricole.* — Un vol. in-18, de 216 pages : **5** fr.; *franco* **5** fr. **50**. — Ouvrage honoré par la Société des Agriculteurs de France d'une médaille de vermeil grand module.

I. Généralités, la carrière agricole, les contrats. — II. Le sol. — III. Le fumier. — IV. Grains et semences. — V. Prairies et fourrages. — VI. Céréales. — VII. Pailles. — VIII. Légumes fourragers. — IX. Bétail et produits. — X. Vignes et produits. — XI. Basse-cour. — XII. Potager. — XIII. Entretien du domaine (95 études, claires et pratiques).

HENRI BRUN. — **Le Domaine rural** . *Ce quil était autrefois ; ce qu'il est ; ce qu'il devrait être.* — Un vol. in-8° carré, de 214 pages : **10** fr.; *franco* **11** fr. — *Ouvrage couronné par l'Académie d'Agriculture.*

Ce volume s'adresse aux cultivateurs, petits et grands, non pour leur enseigner la *technique* de leur métier, mais pour leur faire connaître les conditions *écocomiques* et *sociales* qui en régissent le bon exercice. L'auteur, un fervent de la terre, a écrit là une œuvre personnelle, une sorte de plaidoyer *pro terra*, d'une incontestable originalité dont l'intérêt pratique est, sans conteste, un nouvel « atout » apporté à notre agriculture française.

ET. MARTIN SAINT-LÉON. — **Syndicalisme ouvrier et syndicalisme agricole.** — Un vol. grand in-8°, de 160 pages : **4** fr.; **4** fr. **40** *franco*.

PIERRE JOUVE. — **Un Mouvement d'Organisation professionnelle agricole : « LE PLATEAU CENTRAL ».** — Beau vol. grand in-8°, de 218 pages, **6** fr.; *franco* **6** fr. **75**.

ADRIEN TOUSSAINT. — **L'Union centrale des Syndicats agricoles :** *ses idées directrices.* — Un vol. in-8°, de 160 pages : **4** fr.; **4** fr. **40** *fco*.

L'Union centrale : ses idées. — Sa création. — Ses premiers pas. — Heures de triomphe. Temps difficiles. — La période d'Union sacrée. — Vues sur l'avenir. — Organisation, statuts, etc.

P. CAZIOT. — **La Terre à la Famille paysanne.** — Un vol. in-8°, de 160 pages : **4** fr.; **4** fr. **40** *franco*.

I. La situation agraire de la France. — II. Un programme agraire de la reconstitution de la propriété paysanne. — III. La réalisation.

ALBIN JACQUEMONT, *licencié ès-lettres, docteur en droit.* — **Le Problème des Assurances sociales en agriculture.** — Un vol. de 244 pages : **12** fr.; *franco* **13** fr.

I. Le milieu social agricole. — II. Comment le problème s'est posé devant le Parlement et l'opinion agricole. — III. Champ d'application et ressources des assurances sociales en agriculture. — IV. L'objet de l'assurance : les éléments du risque social agricole ; les avantages à garantir aux agriculteurs. — V. Les organes de l'assurance sociale en agriculture. — VI. Les répercussions économiques. Conclusion. *(12 pages de bibliographie.)*

J. SAHUC. *professeur d'œnologie à l'Ecole Supérieure libre d'agriculture de Purpan.* — **Cours de Vinification.** — Un vol. in-8° cour., de 108 pages : **3** fr. **50** ; *franco* **3** fr. **85**.

Bar-le-Duc. — Impr. Brodard & Cie. — 7888,6,24.

www.ingramcontent.com/pod-product-compliance
Ingram Content Group UK Ltd.
Pitfield, Milton Keynes, MK11 3LW, UK
UKHW021554260726
13993UKWH00002B/826

9 782329 177366